New life
27

New life

27

New life
27

New life
27

財富氣場

一位窮記帳員
僅用3年就達成財富自由的秘密

Prosperity Through Thought Force

布魯斯・麥克利蘭
Bruce MacLelland
著

張家瑞
譯

NewLife 27

財富氣場：
一位窮記帳員僅用 *3* 年就達成財富自由的秘密

原著書名　Prosperity Through Thought Force
原書作者　布魯斯・麥克利蘭（Bruce MacLelland）
譯　　者　張家瑞
封面設計　柯俊仰
主　　編　劉信宏
總 編 輯　林許文二

出　　版　柿子文化事業有限公司
地　　址　11677臺北市羅斯福路五段158號2樓
業務專線　（02）89314903#15
傳　　真　（02）29319207
郵撥帳號　19822651柿子文化事業有限公司
投稿信箱　editor@persimmonbooks.com.tw
服務信箱　service@persimmonbooks.com.tw

業務行政　鄭淑娟、陳顯中

初版一刷　2023年6月
定　　價　新臺幣360元
I S B N　978-626-7198-44-5

歡迎走進柿子文化網 https://persimmonbooks.com.tw
臉書搜尋 60秒看世界

國家圖書館出版品預行編目(CIP)資料

財富氣場：一位窮記帳員僅用3年就達成財富自由的
秘密 /布魯斯・麥克利蘭（Bruce MacLelland）著 ; 張家瑞譯.
-- 一版. -- 臺北市 : 柿子文化, 2023.6
　面；　公分. -- (NewLife ; 27)
譯自 : Prosperity Through Thought Force
ISBN 978-626-7198-44-5

1.CST: 成功法

177.2　　112004688

獻給我的幼子——

達成目標的道路崎嶇顛簸

但他必須靠一己之力前行

推薦序

謝謝出版社邀請為本書撰寫推薦序文。

此刻，正在雲南大理山水間離群獨居進行自省的生活，但這本書來的正是時候，因為字字都像是我正在做的事和心得體悟。

這是一本充滿金句的書。每一個字句都是經典，書中內容都是讀者可以細細品味，甚至可以邊閱讀邊做筆記記錄下來。我不是指讀者必須如此，而是我想邀請你和我一樣，因為我是這樣讀這本書的。

我興奮的想分享給正翻閱我的推薦文的你，如果你細細的精讀內容，你會發現自身思考的心智體，其內在的智慧正在與你心靈深處的高維空間共振著，內在會湧出無法形容的一種感知，很多在覺醒後的生命領悟，也會因為透過閱讀本書的過程而流動出來。這樣靈動的讀書法，怎不令人興奮呢？

誠如書中所述，這些心靈的原則是一個科學真相，跟你的信念或信仰無關，你只需努力培養自己就好。這也驗證了心靈的世界在你尚未平靜之前，如果貿然分享了源自創傷記憶的低層自我，並且讓這些較低層次的聲音佔有主導權，就會完全走偏。這也是作者建議的：不要把你內心不平靜的想法或意見告訴他人。這也是我推廣的科學療癒中，強調心靈的世界足以驗證出科學邏輯，因為行動就是最好的驗證。

非常感恩這本中文書的出版問世，我認為這是一本可以讓人成功的書，因為字裡行間擁有的高能量，可以協助渴望成功的你突破限制，更重要的是，幫助你認識自己！

最後，透過作者所說的，「認識你自己」是人類所獲得、最精深且最好的忠告。分享給同樣愛上生命智慧，並且擁有本書的你。

祝你成功，祝你幸福。

——**上官昭儀**／靈性智慧領袖教育系統創辦人

我們都以為，學理財，就是學「管錢」。

但在我看來，學理財，是在學控制「恐懼感」、重塑「自我價值感」、覺察「欲望」、調節「焦慮」……一個能調節內在，平衡情緒的人，就能把錢管好，也能過好這一生。因此，你什麼時候擴大了內在的力量，你就會在什麼時候成為一個富人。

這本《財富氣場》帶你使用「振動定律」，來調高你的思維頻率；再引導你使用「內省」、「自我暗示」的技巧，反駁自我懷疑的聲音，增強你的意志力。

如果你仔細看，而且切實去做，讓自己發生改變，那麼你獲取金錢的能量，就會大大開啟。現在就開始讀吧！記得做點筆記！

——**李雅雯（十方）**／《上班族提早退休金錢課》作者

從小到大，我一直認為「只要我想要的，我就一定會得到。」這是吸引力法則，也是這本書作者所說的「思維的力量」。

小一時，看到學姊在司令台上擔任司旗手，覺得帥斃了。每天升旗都想像著自己站在台上，拉著繩子讓國旗緩緩上升，台下的師生都對自己敬禮的畫面。當升到高年級小五時，真的就被選為司旗手了。這是我人生第一次心想事成的經驗。

剛到出版社上班擔任菜鳥編輯，看到一頭浪漫長髮、氣質非凡、威風凜凜的總編輯，就想：「有一天我也要跟她一樣。」幾年後，從編輯到主編，一路向上，終於我也當上了總編輯，只是一頭浪漫長髮的畫面尚未實現。

只要心有嚮往，夢想就會實現，但絕對不是坐著空幻想，成果就會自己掉下來。

除了願景，在這本書中作者也提到了：「性格要素包括了勇氣、信心、判斷力、毅力、果斷、抱負、誠實，而這些要素的表現程度，決定了一個人的力量。」說明了正向的思維更需要力量來推動，你只要不斷前進，就會不停收穫。

我很喜歡作者的一段話：「你的痛苦是自己造成的，你的不幸是自己造成的，你的貧窮是自己造成的，一旦都是因為你自己的心態。」如果你只會自怨自艾，就會一直是悲哀的那個人。

如果你是事業經營者，或是業務工作者，當你對提升業績苦無對策時，就想想作者的這段話：「培養對一切的善意，在想像中看見自己是成功者。慢慢的，你的臉會充滿善意的笑容，然後提升業績的點子會隨之而來。」

在媒體工作多年，我常常串接各種資源，介紹朋友們互相合作，我的服務完全無償，也從未想過自己要在這合作案上獲得什麼利益。但每促成一件合作案，我內心就充滿欣喜，而這些累積的能量在近年也逐漸回到自己身上，在我需要幫助的時候，他們都化成貴人拉我一把。就像作者說的：「在為別人追求福祉的同時，也在為自己追求福祉。」

「害怕失敗，終將招致失敗」，你想成功，就一定要想著成功的畫面。現在，你可以煮一杯咖啡，放點輕音樂，定下心來，跟著本書作者一篇又一篇的文章，開始讓正向思維主宰你的行為，成功就不遠矣。

——**林筠騏**／資深媒體人、理財周刊前總編輯

隨著科技文明日趨進步，精神文明卻日現隱憂。憂鬱症已成為人類三大疾病之一，新冠疫情之後更是變本加厲陡增。世事紛亂，人心惶惶，彷若末日。外在環境的紛擾變動，攪動內在人心的一池春水。當短視近利、汙言穢語、敵意憤怒，導致人際關係冷漠，喪失信任，心靈陷入嫉妒、懷疑、

怨恨和恐懼的桎梏。有志之士奮力掙扎之餘，不禁懷疑：最壞的年代要如何翻轉，才能成為最好的年代？答案原來在於信念（belief）。

信念啟動的 BTFA 循環——信念（Belief）、思維（Thinking）、感受（Feel）、行動（Action），更能帶來心靈財富的充盈喜悅，進而成就幸福快樂的人生：成就、家庭、友誼、健康。

初入職場工作時，一位總經理跟我們分享一段話：「戲棚站久了，舞台不一定是你的，你必須要有積極的思維與心態，先熱愛自己的工作。這種高度的成就動機，先感動你自己，進而感動別人。最後才能領略『人兩腳、錢四腳』：人如果真正具有能力，錢就會主動追上來！」

雖然離開那家公司已久遠，卻永遠記得公司標榜的價值觀：「贏得信賴是一種責任，也是榮譽；雅納批評是一種智慧，也是勇氣。」這兩句話就是我安身立命的信念——在人生旅途中，不論處在低谷或高峰，都發揮積極思維的力量，成為珍貴的心靈財富。

《財富氣場》為信念啟動的BTFA循環做了最佳詮釋：心靈的力量，將啟動你的致富強思維，並通過自信和寧靜，帶你走向成功致富的路徑！

——**張宏裕**／新一千零一夜說故事人、將苑領導工作坊主持人

初接觸本書就被作者的人生經歷給深深地吸引，作者與我長期心靈成長的學習與觀念相當的吻合，在閱讀書籍的過程當中就好比一場跨越百年時空的心靈對談，暢快淋漓。

而改變心念的關鍵，也是我一直長期在心理諮詢輔導、心靈療癒、潛能培訓的教學和服務中，不斷強調的重點！

正如作者說到年輕時的他，只是一個窮記帳員，心裡面有很多的害怕擔憂難受，造就他當時很多的困境，甚至對於周遭的人、事、物居然都懷抱著敵意，一直到這句話的出現——「生命中的成功，可經由培養個性和掌控心靈的力量來取得」。

作者接下來的時間就不斷地鍛鍊和實踐，因為他說就算不成功，也沒有什麼損失。一年後，他償還了所有的借款，還擁有了一筆為數不小的財富。這也是我常跟學員們提到的，我們如果不是從源頭開始改變，一切終將徒勞無功，但若是我們從心開始改變，從內在開始贏回力量，我們外在世界所面臨的一切困難終將消失，新的世界就能依據我們的想像力，重新創造一個屬於豐盛富足的美好未來生活。

誠摯的推薦應用這本書裡面所提到的方向、方法、方式去嘗試看看，假想一下，一年後當你和作者一樣，走出困境、財富豐盛、改變人生，感覺會如何呢？

——**簡宏志**／心靈療癒、潛能培訓教練

【具名推薦】

吳若權／作家／廣播主持／企管顧問

目錄

推薦序 4
序文 19
前言 26
導論 28
改變心念，成就自我 45
心想事成的必要元素 67
果斷／專注
培養和諧完美心靈的方法 81
反省／自我暗示／能量振動定律／
請求的定律

想像力定律 109
正確的心態 117
有時候遺忘比較好 133
勞力與心靈吸引力 141
害怕失敗，終將招致失敗 151
必須明白的一些事項 159
結語 180

本書是為願意嘗試的人而寫！

序文

在兩年多前，我還是一個窮記帳員，每年賺取一千美元，只能住在生活消費最低的地區裡。（編註：一九〇〇年代，當時的一美元相當於目前的三十美元。）

我的個性因此被淹沒在擔憂、憤怒、懷疑和怨恨的汪洋裡，而這一切，阻止了我走向才華可賦予我的地位。我曉得自己不應該是個下等人，但我不知道為什麼會變成這樣。不公平的感覺令我難受，讓我對所有的人、事、物都懷抱著強烈敵意。

我沒什麼朋友，健康情況不佳，努力工作卻一貧如洗彷彿是我既定的命運，沒有任何跡象顯示我能夠擁有一個光明的未來。但是，一個想法吸引了我的注意：

生命中的成功，可經由培養個性和掌控心靈的力量來取得。

這個方法在我看來是可行的，假若不可行，試了也沒什麼損失。

接下來，我十分努力地去培養個性的力量，不斷用勇氣、平靜、影響力和果斷力來暗示自己。從早上起床一直到晚上入睡、意識休息之前，我得到了源源不絕的暗示。足足經過一年半的時間，我的經濟情況才開始漸有起色，不過很明顯的是，我一天比一天強大了。

在第一年結束時，我決定不再忍受現有的環境，於是我辭職了，儘管沒錢也沒朋友。

當時，我並不知道自己接下來要去哪裡或要做什麼，但我成長了。一年前我還在擔心自己因為害怕失去工作而苦惱，現在我自願放棄工作，因為我知道也覺得自己能過得更好。

然後，不到二十四小時的時間，我得到一份每個月一百美元的工作邀約，而且我接受了。六個月後，我的薪水提高到一年一千八百美元，因為我是對的，人也在對的地方。

在公司某一次的危機、且經理不在的情況下，我大膽地攬下管理責任並單獨行動，結果成功了。在董事會中，我正式被選任為所在公司的高級秘書，兩個月之後，我的月薪調升了五十美元，因為我構思了兩個點子並付諸實現，幫我的雇主淨賺了好幾千、甚至上萬美元。

第二年，在自我暗示結束後，我辭職了。同時，在沒有資金的情況下，我自己開了一間小公司。

當時我得到兩萬多美元的貸款，這主要是靠著過去的生意往來紀錄，而且要歸因於和我有資金往來的人，都信任我的判斷力和誠信。他們全都感受到了我發自內心的誠信、能力和判斷力。

簡單的說，一年後我償還了我所借的每一分錢，另外還存了一萬一千美元。於是我放下事業，讓自己有時間沉澱來寫下個人的經驗，這便是本書內容的基礎。

但是我必須承認，即使現在有了充分的錢財、一個幸福的家庭，和一個人人都想要的一切，我仍然會有沮喪、失去自信心和信念的時候，而且偶爾無法維持快樂愉悅和滿足的心靈。

然而，那個培養個性力量的反應很快又會出現，我重新獲得冷靜地等待被引導的力量，而我堅信會有一隻指引我的手。

我希望能幫助仔細閱讀本書的人，透過這本書，把勇氣灌輸給他們，直到他們堅強到足以達成他們的抱負。

我其實並不喜歡把個人隱密的內心生活，裸呈在也許無法理解的世人眼前，但我相信你不會覺得這本書是出自天馬行空的幻想。

而且我也篤信，這項工作也許是助人走出沮喪陰霾、通往培養勇氣的快樂之光的工具。

因為，當一個人具有勇氣時，他／她才可能冷靜地面對逆境，並且不受環境的影響，進而獲得幸福、平靜和獨立自主的人生。

布魯斯．麥克利蘭　一九〇四年一月，紐約

＊＊＊

以上的內容是三年前寫的，從回顧的角度來看，我只能說寫得相當中肯。這本書所闡述的每一個原理，所根據的都是科學真相，一切都能從所闡述的假設中獲得證實。

我搬到奧克拉荷馬州的美麗湖，我們在陽光下和百花間，與牛仔、印第安人、正規士兵、賭徒、農人、商人和捕獸人擦身而過，這些人湊在一起，就是一個新國家的大熔爐聚落。我們想工作就工作，想玩就玩。當騎在快馬上飛馳過大草原時，心裡那股自由的愉悅心情可說達到了極致。

我把時間花在寫作、閱讀和耕作上，並且自己騎馬牧牛、割草曬乾、收成玉米、棉花、燕麥及紫花苜蓿。至於錢？綽綽有餘。何苦花一生的時間累積財富？瞧瞧，那種人損失了多少樂趣。

人生只有一次，至少那是我們對這輩子的理解。那麼，就讓我們賺取足夠的財富，然後稍微來了解一下周遭的人、事、物吧！

布魯斯．麥克利蘭　一九〇七年一月

前言

在這本小書裡，我用自己的方式由衷且誠摯的寫下我知道的事實。我的書純粹且簡單，是在達到完全心靈平靜的狀態下為你而寫的，因為它有益於你，也因為我無法擺脫這種使命感，直到我完成它。

本書省略了許多原本應包含進去的東西，也許日後再告訴你。

如果大致上的觀點對你有幫助，能夠讓你的生活更快樂，那我就滿足了。如果你對它的方法產生反感，我恭候你的譴責。然而，如果它傳遞的是真相，那麼反對會扼殺它。如果它的內容不真誠，它會自然凋零。

它的未來取決於它有多被需要。

我寫本書只為了滿足一個想告訴大家的欲望，讓眾人知道我留給你們的，曾為我帶來了什麼樣的益處。

導論

在我生命的過程中，我觀察到有些事情很值得深思。其中有一個走遍天下的真理是：有能力且埋頭苦幹、對工作總是樂在其中的人，他們會擁有自己的房子，善待自己的家人，得到長官的尊重，而且生活看來相當理想。不用使勁地拚命向鄰居炫耀，也不用處心積慮做什麼超出他們單純、自在、快樂自我的事情。

顯而易見的是，在公司裡得到升遷的，是那些堅定、沉默的人，而他們那些忙亂、倉促、擔心這個擔心那個、吹毛求疵、急躁、咆哮的同事們，則仍停留在原來的位置上，過著追求物質、煩惱不斷的日子。

當我開始晉升到能與老闆及管理階層的上司有所接觸的位置時，我似乎在他們身上發現了一般員工所沒有的元素——那是一種依靠自己獨立自主的感覺。我突然想到，也許正是那股信心造成了老闆與員工之間的差異。

於是，在往後的生活中，我開始密切地觀察企業老闆的心靈，縝密到看出每個人所具有的影響力，那是在與他們接觸後，所感受到的一種與眾不同感覺。在別人有一百種想法的時候，他們能輕而易舉地產生出一千種想法。他們坦率、堅強、充滿希望，願意花精力完成大量的任務，而一般人光是想到，就嚇壞了。

有一件事情也很明顯，就是能夠看得最遠、最聰明的人，往往是沉默、冷靜、不能輕易被干擾的人。然而，有一些所謂的「聰明人」所賺的錢卻僅夠餬口，從這方面來推斷，**智慧是需要受到平靜或冷靜的誘發，缺乏力量的智慧則不具有多少價值**。

雖然能夠下定決心想要怎麼做，但決心絕對是需要付諸實現的。而缺乏智慧的力量，便無用武之地，一旦是在錯誤的方向上，則不管怎麼擴張、怎麼努力，都不會有所成就。

同時觀察到的是，當智慧增加時，心靈的力量便應該趨於保守，不能毫無節制地運用，要適度才不會被耗盡，也才能提高力量的極限。所以，假如一個人擁有智慧和僅一點點的力量，在適當引導的情況下，其成就便可能勝過擁有強大力量、卻沒什麼智慧的人。

我們太常看到，即便有周詳的計畫和堅定的努力，最後得到的卻是不成比例的極少回報。然而，巨大的成功仍是從一點一滴累積起來的，而這一切都有其原因，而且是不證自明的。

從因果關係來看，可以很輕易地斷定，其實不需要考慮身體是否強健，因為有些最偉大的領袖也是瘦弱的人。然後是教育背景，可以發現，只有一些偉大的領袖擁有大學文憑，而其他的成功人士有些甚至是文盲。所以很顯然，秘訣並不在於教育。

值得注意的是，有些人吸收知識的能力就像海綿吸水一樣，但他們卻無法從自己的學習中獲得任何益處，而他們一些無法或學習上不優秀的同學，卻往往有令世人驚艷的偉大成就。迅速吸收知識的能力雖然能形塑成好的學生，但擁有積極正面的天性卻能夠產生最多的行動。

進一步的相關研究證實：

- 學校裡最乖的男孩，往往成了那個「最皮的淘氣鬼」的小職員。
- 受過良好教育的獨立思考，才是最棒的。
- 唯一的抱負是擁有一棟小屋子的人，便不會獲得更多。
- 怨恨最多的人，最不被愛。
- 企圖恐嚇別人的人，本身就是膽小鬼。

我們看得出來，懷恨者的身體總是呈現緊繃狀態，肌肉無法放鬆，氣量狹小，身體乾癟，機能紊亂，周身疼痛不已。對此，合理的解釋是，怨恨、嫉妒和沮喪會造成心靈焦躁、不和諧，進而使身體產生一致性的反應。

我們也看過物以類聚的案例：

- 往往成功的人會走在一起，而不成功的人也會走在一起。
- 當初信誓旦旦的人，後來溜得最快。
- 一個人成功的條件，也許會讓另一個人失敗和蒙羞。
- 一個人有可能受制於環境，但他的兄弟卻對壞兆頭的環境一笑置之，並且高喊「出航吧」。
- 有些人只會高談闊論，而有些人則默默的做事。
- 話多的人無法停止嘮叨，即使他們不想說。
- 沉默者說的話比健談者的更有趣。
- 只要是對的人，任何行業對他來說都是累積財富的媒介。

這一切讓我們相信，**一個人想要達成的成就和他的體格或教育無關，而是和他的心靈狀態有關，再加上對成功的渴望和期待，似乎就能將他所需要的一切吸引過來**。

莎士比亞筆下的卡西烏斯（Cassius）說過：「親愛的布魯圖斯，我們的失敗不是命運造成的，而是自己能力不足。」

為了證明我們這位朋友是否正確，於是對人類的心理狀態投入了大量研究。倘若他是對的，那麼，**應該為失敗負責的就是自己**。

心靈語言和暗示力量的研究很清楚的指出，一個人對他做事能力的自信是可以培養的，而且那種信念更能使事情成功。

這個對思維規劃的證明開啟了一條道路，讓人可以清楚地理解「思維是一種實在的要素」。

而對「自我」的研究證實了，「認識你自己」是人類所獲得的、最精深且最好的忠告。它所包含的知識有：

- 個性或自我是可以強化和昇華的。
- 心靈只要能免於嫉妒、懷疑、敵意、憤怒、怨恨和恐懼的桎梏，就能從萬物間吸引到成功。

這個關於自我或自省的研究，讓一個人的優點和缺點，或他所秉持的正義感、影響力、自信心和果斷力等，都可以清楚地呈現了出來。

東方印度哲學教導了我們想像的價值和力量，即一個人會成長為自己所想的樣子——一個人幾乎就是他所認為、或他覺得自己是那個樣子。

一個令人印象深刻的研究觀察指出，我們會受到從周遭事物中所關注到的心像（意識中形成的印象）不斷影響。有些人確實會因為這種力量而受制於環境，但有些人則比較不在意周遭事物，反而更留心於自己的抱負，因此不會受到環境的影響。

這個研究所引申的事實是：一個在貧窮環境中成長的孩子，所接觸的都是窮人，別人家的家庭狀況也和自己的一樣，僅能維持基本生活所需。所以他所聽到的是賺錢有多困難，也知道自己的父親必須辛苦工作，才能賺取微薄的薪資。如此，他安於身上穿著較差的服裝，也順從窮人的一切生活，直到那變成他自己的一部分。

但如果他覺得那不是他想要的生活，那麼他一生中所看到的事情，包圍著他生活環境的一切，便是為他創造好的一個心靈框架。現在，讓他做心靈想像，想像自己在生活中擁有較好的職位、有錢、有朋友，以及他所想要的一切。直到最後他的想像成真，而過去的生活都不是真的。就這樣，他的環境將隨著他心靈的變化而發生改變，不僅擺脫了環境的影響，而且反過來掌控了環境。

「在各種形式的大自然裡動物和人類欲望的效應」研究中，證實了能量振動定律的存在，**假如這個定律被強而有力的援引，去補足每個心理狀態裡有缺陷的特質，那麼補給便會源源不絕的湧入；但假如定律是用於取得金錢和世俗的利益，便不會有反應。然而，一旦培養出純潔和有力量的個性的人，所有的好事都會朝他而來。**當基督說「首先你要尋找上帝的國度和祂的公理正義，然後所有這一切便會加諸在你身上」的時候，就是這個意思。

這是千古不變的道理。尋找上帝的國度不代表要信奉任何宗教上既有的教義，而是要培養冷靜或平靜的心理，上天的智慧才能灌輸進去，如此他便能與住在天國裡至高無上的上帝和諧一致。

「天堂在你心裡」，它是一種狀態，而不是一個地方。這是得到信奉的真理，「人們的思維及其現狀比較」的研究證實，那些人的收入是他們個性優點或缺點的結果，而個性又是其思考方式和思維本質所造成的。但是，光是自我發展就呈現並證明了「生命中的成功完全歸因於個人性格」的事實；**透過自省、心靈暗示、能量振動定律和想像的力量，任何人都能夠成為他所選擇要成為的人。**

性格要素包括了勇氣、信心、判斷力、毅力、果斷、抱負和誠實，而這些要素的表現程度，決定了一個人的力量。冷靜和專注的狀態，則讓這些力量得到最佳的運用。

思維是重要、活生生且實際的東西，就像氧或氫一樣真實，它們來自於外部，而且它們對於任何心靈的價值，端視心靈的狀態而定。如果心靈堅定又強大，它便得到堅定又強大的想法，繼而產生有力量的個性；如果心靈是焦躁、猶豫、沒志氣和怯懦的，它便得到同樣的想法，然後帶來的便是痛苦、貧窮和不健康。**你心靈所得到和發出的每一個想法，都將使你變得更強大或更脆弱。**

能帶來結果的並不是知道這些事情而已，而是用因此得到的警覺性和控制我們的思維來實現這個真理。練習自我暗示，能培養出這些心靈元素，使我們更容易做到自我控制（自制力）。

這些真理是屬於心靈世界的，如果心靈是像許多人那樣狀況惡劣，便幾乎無法相信有心靈可以達到更高的境界。心靈境界的意思是，一個人產生態度的狀態，有些態度可能造成某些人嘲笑先進者的任何新發明或新想法，但先進者能夠清楚地看出計畫的可行性，而介於這兩者之間的所有觀點，就是其他每個人所抱持的各種態度。

在和一個人談論真理的時候，有能力的人便能看到真理，而缺乏這種能力的人，便不會接受它的任何一部分，而這些低層級且惡劣的境界自有歷史以來便一直存在，阻礙世界變得更好，尤其是在道德和宗教方面。大量的低劣態度阻礙了少數高級思維者所要表達的想法，當伽利略（Galileo）說地球是圓的之時，他被迫撤回了聲明。那些心靈粗鄙的教士著手進行如此嚴密調查的手段，目的只為了阻止思想自由。

經過自我暗示的練習之後，一開始會很短暫地達到較高的程度，但在回到原來的狀態時（這是必然產生的反應），有人會想：「噢，全都是胡扯！」於是強烈的反感、絕望，或失去希望，佔住了整個心靈。這種經驗往往會發生在你充分領悟到實現想法的重要性之後，而且或許需要經過幾個月乏味、不斷的自我暗示後，才會賦予你行動的衝勁。

這個原則所根據的並不是信念或信仰——根本和信念或信仰無關，它是一個科學真相，跟你怎麼看它一點關係也沒有，你只需努力培養自己就好。仔細、審慎地研究這些想法，一次一個，然後去做，並且堅持到底。你要相信它讓你喜歡的部分，而且**不要把你內心的想法或意見告訴別人（這是極重要的一點）**。

有些人就是無法相信這些真相，這是因為他們的心靈屬於較低的層次，完全被世俗雜務所佔據。他們對心靈的真理是盲目的，且超級自信地把這一切都稱為幻覺。

如果讓這些對真相只了解一半、只相信一半的心靈去接觸真相，他會被自己的愚昧所蒙蔽，而且由於低層次的心靈佔據了主導權，聲音就會完全偏向那邊。

所以，在一時的衝動下，把自己的信念告訴別人時，我們很容易受到煽動而破壞了生活，然後夾在兩種對立的力量之間感到不知所措。但是，如果我們能夠保持平靜，努力培養力量、勇氣、權力、影響力、衝勁、善意等等特質，我們會強壯到能夠靠一己之力去應付任何的挑戰。

我小的時候在自己出生的村莊裡做擦鞋童，在人群中，有人問我長大後想做什麼。我當時坦白認真的回答：「律師。」然而，對方像一個無知又尖聲的小丑般放聲大笑說：「你？律師！」然後繼續不可遏抑的笑著，群眾也跟著笑。

我幼小的靈魂遭受了打擊而退縮，最後放棄了這個願望，而機會一直沒出現過，直到現在。那個訕笑令我在三十年間都不敢去追求自己的願望。

所以，別透露自己的想法。

然而，如果我們有朋友需要有利於自己幸福的實話，而且能夠接受實話，那不管怎樣都要告訴他們。可是別對聽不進去的人白費唇舌，因為他們會轉身而去，甚至與你決裂。

別害怕，只求時時克盡己任，以自己的能力做到最好，而且希望和期待更好的事物，你便成功在望。記住，世界上所有敵對的力量加在一起也不能阻止你，你自己的品格會讓你佔盡優勢。

力行節約，但不吝嗇——把錢盡量花在需要的事物上，因為你「想要」的東西不一定都是「需要」的。

改變心念，成就自我

我們有錢或沒錢並非偶然，而是你奉行某些定律的結果。你也許沒有意識到，自己的行為符合了某種明確的行則規範，但你的確一直在這麼做。

你的痛苦是自己造成的，你的不幸是自己造成的，你的貧窮是自己造成的——一切都是因為你自己的心態，而**心態是你過去的想法反映在行為上的結果**。但是，或許你會說：「我生來如此，我總是沒有耐心，處處擔心又焦慮。我無法改變！」沒錯，或許你以前是，但現在**你可以改變**，除非你「決定」自己做不到，也不願意嘗試。假如你這麼想的話，那事情也就這樣了，一旦你採取這種態度時，便沒有任何力量幫得了你，連神仙也做不到。

你的個性，也就是驅使你對事情產生憤慨或欣喜的意志，是由你的出身和你周遭的思維氛圍所成形，它會建構起一種動力，即潛意識，一道生命的電流依據此潛意識而行動，而另一道同樣強烈但屬於不同結構動力的電流則無法產生效果。

對你無用或有害的電流，會被其他影響你的人所接收，但對他不會發生作用，這是因為你們心理狀態不同的關係。但如果那個人很冷靜，那麼在你們的互動交流上便會帶來智慧；如果他很輕率，那麼帶來的便會是愚昧。也就是說，透過你心理狀態的吸引力，在你身上佔優勢地位的個性會把你帶到今天這個局面。

一個人是由於其祖先的思維和環境而造就了他。

他目前的狀態，是以往想法的結果。

他未來的狀態，將會是目前想法的結果。

當你的心靈滲透到你整個生命裡，它會把構成身體的原子結合在一起，發出體溫，讓血管裡湧出血液，點燃生命，重建組織；但如果它沉默了，身體（包括大腦）便會變成一個冷酷無情的軀殼。

心靈不是完全在身體裡，它會在意識和潛意識裡影響身體，同時也決定一個人的狀態。我們在此所說的心靈，並不是大腦，雖然大腦確實是身體的一部分，和神經、肌肉、肌腱一樣。意識心靈是自我的智能認知，用來讀書學習的就是你的意識心靈。意識心靈和潛意識心靈的關係是正相關的，它透過欲望去控制你的想法，也就是把你所想的建入到你的潛意識裡。

如果你的心靈缺乏勇氣或任何特質，但靠著思索勇氣或其他缺乏的特質，透過反覆唸誦對你來說象徵那種想法的字眼，你便會在潛意識裡吸引到所想要的元素，藉著這樣的做法，可用來增強你的品格，從而保障精神和物質、健康和財富上的成功。

激情是透過一代一代慢慢培養起來的。一大堆不受控制的情緒——亦即你目前的自我——也許是好幾世代以前所產生的，然後從你的祖先一直傳承下來，傳給你的父母，再傳給你。這些情緒也許不屬於你的真實自我，但卻是透過你周遭思維的氛圍，稼接到你的天性裡。

這種稼接不管成功或失敗，健康或疾病，與其說是話語或行為造成的，倒不如說是父母心靈的思維特質所造成的。如果父母的個性沉默又保守，孩子便很可能也是如此；如果父母煩躁、沒耐性、焦慮、倉促（意味著膽小），孩子也會受到影響。

孩子在無意間接收到某種想法，然後那種想法就變成了他們的一部分。如果父母本身很有勇氣，每個想法都沾染到勇敢的氣息，那麼孩子儘管在天性上是怯懦的，也會長成堅強、勇敢的人。

勇氣是一種正面元素，經過培養之後，能夠在每個場合裡克服恐懼這種負面的特質。

幼兒有他自己的個性，而且可以塑造成超越自己、跟父母一樣的獨立個體。如果他自己已經是一個正面的獨立個體，那麼他便不用大量地接受來自父母的特質。這說明了，為什麼有些孩子與同一個家庭裡其他孩子之間存在著那麼大的差異。

潛意識心靈是一種有吸引力或排斥力的磁鐵。它接收到一個想法，一個元素，然後根據意志運作的力量強度去充實它、強化它，再把它送出去。潛意識心靈與上天的關係一直是相互吸引的，而且它能從自然的威力中獲得力量，而我們能靠著這個力量的運作獲得健康、名聲和財富。

心靈能夠讓睡眠中的人做某些事情，像是利用水管爬到大樓的頂端、在湍急的河中游泳等清醒時做不到的事情。潛意識心靈沒有它自己的決斷力，只會依照意識心靈或智慧泉源的暗示而行動。假如你說：「我辦不到。」潛意識心靈就會得到這個暗示，吸收它，然後變成你的一部分，接著你的思維特質會把你和其他失意的心靈聯繫起來，最終你們會用失敗去感受彼此。

自我暗示有一個目的，便是把你能、你會成功的想法刻畫到你的潛意識心靈裡。這個心靈也會依據你的意識心靈而反應，如果長久來你已習慣說「我辦不到」，那麼，每當你有「我辦得到」的強烈想法時，你的另一個自己便會潑你冷水，說：「不，你辦不到。」讓你的努力半途而廢，徒然無效。

對此情況，首先，你必須訓練心靈去感覺你辦得到，這樣當你覺得氣餒時，它仍舊會在那兒支持你。

這要花些時間，端視你的接受能力和適應性而定，但這絕不會失敗。每一個高興、愉快的想法都會進到潛意識裡，而經過心靈允許的，便會被充分吸收，並且把多餘的排除掉，就像胃消化食物那樣。

有些胃的功能很弱，只能接受液體，有的可以消化固體食物，不過健康的胃的確需要各種強健的食物，心靈也是。有些因為過於憂慮（恐懼），負擔太重，以致於力量的想法只留下淺淺的印象，但有些人卻能得到較深刻的印象，因為健康的心靈能夠接受事實。

在自我暗示的期間，成長的心靈會接受下一個類似的想法，並且能吸收得更完全，直到最後得到和留住所有這類的想法。然後你的進展神速，成功在望，得到的回報是豐盛的，無論是物質或精神上。從那時候起，你的成就便是既定事實，如果你想的話，你可以告訴朋友，不過講個不停並沒有好處，最好避免。

所以，你今日的心靈是你祖先的愛、正義、信心、真理、果斷、抱負等等特質的力量，這些特質構成了你的人格，並且依據你在這一生中所使用的想法類型而有所增減，它們並不是什麼難以說明的東西，而是構成人類個體性的真切事實。

如果來自父母的暗示和你的環境讓你相信你所相信的，那麼當環境發生變化和有了不同的暗示時，難道不會令你改變信念？那為什麼不自己暗示自己呢？況且心靈的改善，會帶來環境的改善。

這些元素不是只得自於先輩們，更得自於圍繞著我們的上蒼（自然），同時元素也充滿著我們的內在，是我們的組成內涵。當這些元素在兩個勇者的大腦間交流時，即不斷地強化他們，兩個勇者都與這些元素的大主體有所聯繫，於是他們從這些元素裡得到源源不絕的能量輸入。

我們知道，這一點也許會讓讀者很難理解和相信，有些人甚至無法置信，一如他們在黑暗中摸索，不相信可以看見任何東西。

心靈的兩個元素，**愛與才智，構成了一個人的完整心靈**。意志、情感與情緒，實際上就是各種知覺，是愛的各個部分；而理解力、想法、語言和直覺，是屬於才智的部分。一個成功者的情感和情緒（在某種程度上就是知覺）必須受到意志的控制，而這一點必須得到理解力的引導，和諧的思維就是從理解力中逐步形成，然後進一步吸引到一心想要的實質成功。因此，若想要成功，你必須以意志力控制所有的恐懼及其所帶來的情緒，或是徹底摧毀它們，然後才能全心全意地追求成功。

當心靈處於和諧狀態時（也就是說，心靈受到意志的掌控），意志得到才智的引導，將目標定得遠大，而且能產生平靜的狀態，使智慧流入——無窮的智慧帶來進步，它讓人從貧病交加變得健康，又擁有滿足一切所需的充足收入，這便是進步或成功的定律。

如果你未擁有一切所需的東西，就是缺乏你應得的權利。擁有金錢、朋友和幸福是很自然的事情，除此之外的狀態，便是不和諧與不自然的。因此，只要在想法或行為上不傷害到任何人，你便可擁有享受人生、選擇職業、隨心所欲的權利。

這是你的自然狀態，除了你自己蓄意的行為，沒有人可以奪走它；這便是定律，而生活在定律當中，你的前途才是一片光明。

一個人會遭遇他所預期的情況，這是千真萬確的事實。如果你預期貧窮和失敗，你會如願以償。也就是說，**你是怎麼看自己的，別人就怎麼看你。**

如果你準備接受一項重大的工作，但你擔心因為責任重大而無法駕馭它，那是你自我衡量的結果，而別人也會用那個標準來衡量你，於是就不會把那麼重要的工作交給你處理，即使你受過良好的教育和鍛鍊。

但是，這意思並不是說，如果你覺得自己很聰明，別人也會那麼想。事實上，如果你覺得自己聰明，是因為你沒有足夠的智慧去領悟，即便是最有智慧的人所知道的或希望知道的，也只是那麼的少。但別人會以真實的你去衡量你，也就是說，用你的想法去衡量你，而不是用你自以為是的身分或你自以為是的想法去衡量你。

你的心靈在成功與失敗兩方面的態度，通常是你精神狀態的指南。如果你預期失敗，也許是你缺乏勇氣、自信，所以不會預期達到成功所需的樂觀、快樂和溫情；有些人則擁有非凡的力量和決心，能夠克服萬難取得成功。

然而，又好又輕鬆的方法是強化你的心靈，讓它可以期待輕鬆、平靜、幸福、健康、財富，然後為你吸引到這些結果。如果我們只憑恃自己的力量，大部分的人都會半途而廢。

不管怎樣，前方的道路總是崎嶇坎坷的，就算克服障礙的力量沒有被耗盡，對成功的人而言，成就的程度仍然比原本應有的程度還要低得多。

如果你認為自己毫無價值，或是對自己和世界來說一點也不重要，別人就會這麼想你。但事實是，你有點才能、有點用處、有點對自己而言很特別且有待填補的空隙，只是沒有人能幫你填補它，除非你自己充滿它，否則不會有任何東西充滿它。你的位置需要你，就像別人的位置需要他們一樣。

尊重你自己，是上蒼用來達成我們尚不知道的美好結局的一大力量。

你是否曾注意過，當你在生氣、氣餒或悶悶不樂的時候，別人會直覺地避開你？不僅如此，你所接觸的每一個人看起來也是悶悶不樂的，同時，你也不容易注意到和善、開心的人。種種這些，都是由於心靈吸引力的關係，有相似情況的人們，很自然地就會互相吸引。

如果你想交到能在事業上幫助你的朋友（成功的事業不能沒有這樣的人），你就要學習練就強大、自立自強的想法，然後你便會遇到這樣的人。

如果你想知道自己是什麼樣的人，你就要留意所接觸的陌生人的反應。他們見到你時，是微笑或皺眉頭？他們很樂意見到你或急著走開？他們似乎能看出你的優點或很少注意你？

如果是第一種情況，當你具有爽朗、愉快的性情，便可看見微笑。

第二種情況是，當你的靈魂具備善意和開朗，便會讓人樂意靠近你。

如果是第三種情況，你便需要培養優點、力量和影響力，這樣大家自然就會注意到你。

如果是最後一種，你要表現得跟他們一樣強大或比他們更強大，而且你的優點、力量和影響力程度，可以透過他們所表現出來的性格與心靈力量強度來判斷。

這個吸引定律會有以下的限制：

- 心靈會吸引與自身情況有相似性的人和物。
- 悶悶不樂會帶來意志消沉。
- 怨恨帶來病痛。
- 擔心貧窮和不足，反而招致匱乏。
- 希望帶來快樂和靈活性。
- 勇氣、果斷和活力帶來成功。

常想著某種心靈特質，你就會養成那種特質，不管它是有益或有害的。

所以，誘發任何正面的特質，例如勇氣、決心或抱負，會摧毀相對的負面特質，像是恐懼、優柔寡斷或喪志。

這不是一種理論，而是如猶太史中的約瑟、摩斯和基督所理解的原理。那個歷史的某些部分叫做《聖經》，其中包含了對心靈力量的真實說明。

這些特質會將你的心靈強化到能夠為你吸引到所有好事的程度，而且自然定律的運作是不會出錯的，每個男人、女人或小孩都能夠得到他想要的，得到他要吸引的事物。

你現在在生命中的位置，是你以前想法的結果，而你未來的位置，將會是你現在想法的結果。

你也許會說：「我不相信一個人可以透過他思維的力量來獲得財富。」

什麼能帶來財富？你說機會嗎？別相信。我告訴你，機會是人創造的。每天有好幾千、幾萬人在流失財富，而其餘的都在累積財富。

事在人為。

你認識冷靜、有勇氣、有說服力、自立自強、有抱負的人嗎？如果有，他的經濟狀況如何？必定是遠超過他的所需。你認識軟弱、愛發牢騷、鬱悶、消極、緊張、焦躁、猶豫不決的人嗎？他也許今天做這個、明天做那個，無法持之以恆的專注於一件事，並且把它做到好。他的狀況怎麼樣？想必在身體、心理、道德和財務上都受到挫折。為什麼他對自己和世界都那麼沒用？因為他的心靈不具備智慧、毅力、果斷、抱負和勇氣的特質。假使他有，他就不會是個失敗者。

你或許會說：「我不相信這些特質是能培養出來的，我不相信一個懦弱的人能夠蛻變為勇者，或失敗者能夠轉變為成功者。」但何妨一試，用行動去證實呢？

這當然值得試一下。剛開始的時候你也許進步得比較緩慢，但記住——如果你能夠的話，還要去實現（到時候你會的）——你要對所有智慧的源頭說話，也就是禱告，而不是僅僅唸誦祈禱詞。

此外你也要記住，現在的你是至少用了一生的時間造就出來的，立即的轉變是不可能的。此時你的心靈正與其他相似的心靈產生聯繫，而且彼此互動。如果你強壯、堅強、有勇氣，你的心靈會與同等級的心性產生交流，無論睡著或清醒時，總是不斷地鼓舞、推動你所接觸到的每一個人，而他們也會對你送出相同的力量，這一切都透過心靈的吸引力，使得來自力量根源的相同特質相互靠近。如果軟弱，就要靠著促進自己心靈的堅強，才能接觸到堅強的心靈，然後那些堅強的心靈會把力量傳送給你，如此你就不會再吸收到軟弱元素了。

這個原理是經過證實的，一個陌生人在任何的城市引力中，他往往會找到同類型的人，並向對方靠近。你能想像一個強壯、有活力的成功男性走在一群陌生人中，和喪志、失敗的人混在一起嗎？或是後者在重視友誼和同伴的前者類型裡，找到意氣相投的朋友嗎？一個人不管在哪裡，他／她所結交的都是與自己相似的人，而在產生實質的友誼之前，一定會先有這種心靈的交流。

被動的去選擇你的同伴是一種沒用的手段，而且被選上的人也許會排斥那樣的選擇。改進你思維的特性，你會自然朝向更好的朋友靠近，而你們的夥伴關係，會把你推向以前從不曾接觸過的機會。

但也許你會說：「我要怎麼改進我思維的特性？」只要保持勇敢、平靜、堅強、力量、正義、善意、毅力、強大、自信、果斷……等想法，把這種想法攤在你面前，與你共存，常常懷想，需求它、懇求它，這些特質自然就會降臨。

剛開始或許會很緩慢，但每得到一點微小的力量，都能夠增加使你吸引到更多特質的力量，直到最後，累積起來的力量便能吸引到更澄澈、強壯的思維類型，然後它們會帶領你接觸到成功的人。

金錢和後續的發達也是。你心靈的吸引力會為你帶來機會，你無需去尋找，機會自會找上門來，而你的心靈能夠辨識出它的價值，並且讓你有採取行動的決心和面對一切的勇氣。

然而，只是平空想像，就以為可以找出一條引領你走向財富的道路，這是錯誤的。巨大的成功並不是事先規劃好的，而是循著一個想法自然地來到，你要平穩且勇敢地默默去施行那個想法，而且不要擔心未來的成功或失敗。選擇你喜歡的職業，如果你覺得那並不是你做得來的，或許你該用接下來要教給你的方法，來培養出成功的心靈，使成功變得普通、自然。

首要的必要條件之一，就是進入冷靜或平靜的狀態。現今有許多人都處在混亂的狀態中，他們無法讓思緒在一件事情上停留十秒鐘，無法阻止自己用閃電般的速度忙上忙下。因此，如果浮現出一個成功的想法，他們便無法紮實的領略它，或守住它夠長的時間，直到實現它。這樣的心靈狀態會削弱身體和心靈的實力，使人時睡時醒，做不切實際的幻想，並且阻礙力量的流入和破壞所有健康與成功的可能性。

你是你的想法造就出來的，
而非，你自以為是的樣子。

心想事成的必要元素

果斷

人們通常會把這個特質和固執，以及對持相反意見者表現出強勢的主導欲望搞混，後者通常是欺凌、壓抑、專制，而且是不管對錯的一種欲望。

那種人在強烈的主導欲錯誤中顯得很任性，任何理性、邏輯或高深的智慧都不能動搖他。他會犧牲金錢、朋友、家庭，把家人推入他欲望的深淵裡，假如他這麼做，只是在為所欲為罷了。

這種心態是自大、強硬、極度自私，與果斷無關。這通常發生在一個人受到環境的控制，或是生活在缺乏責任感、想法狹隘的環境裡時。然而，讀書、旅行、結交各種階層和類型的人，通常能消弭一大部分這種性格。

歷來在律法的審判案例中，充滿了家庭破碎、妻兒離散、夫妻雙方因小事弄得痛苦不堪的紀錄，只因為沒有人認輸。這是由於那些人的心靈未受到果斷力的支配，無法控制衝動的無能。

果斷力是一種能夠穿越障礙的藩籬，去看見目標的特質，使困難縮小，不管麻煩有多迫切，也不去糾結，進而克服麻煩所帶來的狀況。

這種狀況從不糾結於對成功的疑慮，而是在深思熟慮後選擇了要進行的方向，然後朝著目標勇往直前。它迅速接納任何比自己的想法還好的建議，如此才能避免麻煩。

果斷的心靈不倉促匆忙，不勉強為之，而是願意等待——假如短暫的等待會帶來成功的結果。它會避開障礙，結交朋友，尋找最容易達成目標的道路，而且從不忘記自己的目的。

唯有果斷的心靈能衡量並以理性判斷、尋找點子，採用比自己的想法更好的建議，並制定計畫貫徹到底。這種特質可以靠著以下方式來培養：

想像你自己對一個目標或目的堅持不懈，不讓別人決定你該怎麼做，在遇到阻礙時不心灰意冷，同時在心裡或用嘴巴說出來：「我有決心，我很果斷，我會成功！」

直到在潛意識裡培養出這個特質，它自然就成為你人格裡的一部分。

於是你看起來下巴方正（從面相學來說，這種人的個性果斷），肌肉堅實，整個人表現出堅定、溫和、平穩的體態。

身體所表現的，正是心靈所秉持的。相對的，優柔寡斷和缺乏活力的生活，可以從鬆弛和下垂的下巴、呆滯眼神、步態緩慢和步伐不穩定看出來。

有些人以為自己是果斷的，
但其實只是頑固罷了。

專注

專注是一種心靈狀態，而且可能透過環境的氛圍，例如受到如父母思維的影響，或是透過個人心靈的行動來培養。

這種心靈狀態是成功的必要特性，《聖經》上說：「不要擔心明天的事。」這句話貼切地闡釋了專注力量的完美狀態，這種力量讓人在每一個重大時刻都能將才能發揮得淋漓盡致。

這個專注的力量，不僅讓人有能力把要做的事情做好，而且透過心靈的吸引力，這些結果會持續地增強其性格的影響力。

秉持專注的想法，並且透過之前概述過的方法來逐步強化，你心靈的力量和性格的影響力將會不斷增加。相反的，假如一個人缺乏專注思考的能力，對於他想要的東西不能周詳地思考，那麼他就無法把心靈的全部力量放在那個東西上頭。

因為心靈只有一次做一件事情的能力，所以如果同時做兩、三件事，它便可能被即時的壓力和負荷擊垮，結果一件事情也做不好。

吸引力法則之所以無效用，是因為我們缺乏專注力，所以我們要吸引更多可以補足專注力的元素。「凡有的，還要加給他。」這句話的意思是，一個人若有任何心靈特質，也會擁有增強那種特質的能力，那種特質便會在他內心中成長。「凡沒有的，連他所有的，也要奪去。」這是相反的意思，也就是說，一個人原本透過吸引力而取得了專注力，但由於心靈不斷出現匆忙、分散的狀態，最終將會失去它。

但有人會說：「專注能怎麼幫助我得到更好的地位？」或者說：「它要怎麼為我的店帶來生意？」舉個例子，你得到指示要做一件事，如寫一封商業信函，你想盡力去做，但你的腦子裡傳出許多雜音，干擾你的思緒，讓你遺漏了某個重要的句子，害得公司之後要面對法律問題。如此，你覺得以後你在公司眾人心目中的地位還會一樣嗎？即使往後你十分專注地寫信，而且在內容中發揮了你的智慧和遠見，但你的建議還會受到同樣的重視嗎？或者在某項重大的工作中，還會有人像上一個案子那樣輕易地把你當做可信任的幫手嗎？這裡所指出的，都是成功與失敗之間的差異。

同樣的，如果你曾去過商店買東西，但遇到一個心不在焉的店員，你必須把問題重複兩、三次才能得到答覆？那麼，下次你還會再找同一個店員幫忙，或是到別的地方去呢？我想，答案不言自明囉。

每個家庭都有它的思維氛圍，譬如勇敢、真誠等心靈特質，那種氛圍會形成一個心靈之湖，所有來到它附近的人，都能感受到它的影響力。你是否曾經到過別人家裡，卻感到不自在，離開時反而很高興；或者你並不想去那個地方，對於對方的邀請感到很排斥？這是因為你感受到了那個家庭的思維氛圍或心靈之湖，而它並不像你的心靈狀態那般平靜，因此無法意氣相投。

這種專注力的實際展現，可以從遺忘觀眾的演員身上看到，投入表演的演員忘卻了周遭的一切，活在他所扮演的角色中，而且如果不是他有這種能力，他是無法把他的專業提高到這種程度的。做生意也是同樣的道理，當一個人有能力對一個特殊的想法付出全部心力時，他會細究、調整、理解它，挑出對的，排除錯的，透過智慧為自己帶來利益，可以說，這在很大程度上是他自己專注力的產物。

缺乏這種特質的人就是所謂的注意力不集中，他們的思緒不停地從這裡跳到那裡，在工作的執行上，只是徒然耗費心力罷了。事實上，比起濫用力量幾分鐘，心靈更能忍受在某件重要[1]之事上連續思考幾小時的壓力。

焦躁是缺乏專注力的結果，勇敢的人才有專注力。事實上，身體裡有一半的病痛，可以說是由於胡思亂想進而造成身體的軟弱所引起的，因為身體

1 這裡的「重要」是相對用法——物質的東西和思維世界裡的一樣重要；重要性只存在思維者的心靈。

是心靈（不是大腦，而是心靈或靈魂）的表現，讓你一次只能思考一件事情，然後朝著意志的意識方向去改變事情的性質。如果在每一個想法裡注入的力量不超過達到結果的所需，便能讓心靈持續聚集力量，這種感覺可以明顯地貫穿全身，使身體變得更有活力、靈活、愉快和健康。一旦開始進行這個方法，你的心靈自會指引方向，引導你前進。

專注的心靈是有力量的靈，它有如此之多的能力可以去採納想法、去檢視，並在心靈裡翻轉，然後改變成其他角度的想法，對其他事情產生興趣，或者再自我創造。

一直思索著單一想法，會開啟心靈的循環式思考，若它持續這樣的模式，便會逐漸失去走出這個循環的一切力量，直到最後變成怨恨、報復、嫉妒及其他惡性元素的循環，阻礙成功，然後導致精神錯亂。

匆忙和慌亂的情況也會使我們做出愚昧的事情，並在事後對自己感到憤慨，然後稍後又再做出同樣愚昧的事情；到那時，我們會想像別人高高在上的看著我們，在他們面前，我們只能嘻嘻作笑和發抖。

不過，培養出**冷靜的心態**可以避免這一切，而這是勇氣和專注的另一個名字。

焦躁只不過是缺乏專注力的結果，
勇敢的人才有專注力。

培養和諧完美心靈的方法

反省

這種針對心靈狀況的方法，使人能夠判斷、了解自己也許缺乏了哪個特定元素。

一個人唯有知道自己的缺點，才能培養他所缺乏的，使心靈變成一個和諧的完美整體。這是內在（而非外在）的思維計畫，可以鎖定你察覺到的缺點來改善，然後培養出所需的元素，進而觀察你心靈改變後的效果。

這可以讓你對未知的世界產生深刻的理解，促使你發現其他的缺點，然後改善它們。持續下去，直到產生和諧的整體，屆時，一個新的心靈世界將向你敞開大門。

一個人在任何環境中的行為，可以從他的面部表情、步態和舉止清楚地看出來。因此，人類的天性就是一本展開的書，而你的朋友就是最理想的研究對象。

同時，你的靈魂是知足的，因此，快樂的滿足將會取代對金錢和歡樂的無止盡追求。

一個人如果懂得反省，他將從這裡開始往上提升，繼續追求無限的生命。這個人，包括他的靈魂和身體，對此都將變得極為激動。而你會了解一切的和諧性，知道你所擁有的一定足夠，而且還有多餘。

我們僱用的一個年輕人對我說：「我在那個主管底下再也待不下去了，他老是板著臉孔，脾氣不好，又羞辱我。」

我說：「年輕人，回到辦公室去，把注意力放在工作上，學習再努力些，然後說實話。」（後來那個主管跟我說，那正是問題所在。）年輕人立刻向我報告說，他是個模範生，工作超級努力，而且這輩子從不說謊。

我們將他辭退了。

我們能為這種人做什麼？他們對自己的缺點視而不見，在每個人身上都可以看到自己的影子，而錯的總是別人。

如果你和環境並不和諧，你要從內在，而非外在，尋找原因。

要明白，一個人的特色都寫在他的臉上，表現在他的舉止和步態上。

說謊的人都是懦夫。

自我暗示

心靈暗示對潛意識影響的價值已經在前面說明過，它的效果並不是要你相信自己是另一種人，而是要培養你的潛意識心靈，且到目前為止，已透過用看的、聽的和聯想來暗示它，然後才能使你變得與現在的你不一樣。

這是**本質**上的問題，而不是**相信**的問題。

我們會以勇氣的元素來示範自我暗示的實際用法。我們現在假設你缺乏勇氣。世界上沒有絕對無懼的人，所以別不好意思承認你的缺點。也許有人會說，他什麼都不怕，不過當有人向他微笑時，他其實是擔心對方會不高興，所以他在不想微笑時微笑；或是因為主管要求他交一份業務文件這種簡單的工作，就慌慌張張、手忙腳亂，或看到主管皺眉頭就開始發抖。

要對自己說：「**我有勇氣，我不害怕，我一定很勇敢，我什麼都不怕。**」時常對自己反覆這麼說，不要什麼都不做。

晚上就寢前再想一次，這很重要。這種想法會停留在你的潛意識裡，而你的正向心靈從不睡眠，一直在世界上徜徉、漫遊。另外，在早上起床剛清醒的時候再複誦它，然後在一天裡不時地重複。自我暗示的效果每天都會得到印證。

一個小男孩開心地跑到一間屋子裡，說：「外面有一隻熊。」然後又跑出去了。這句話重複了幾次，直到最後他變得害怕出門。他並不是相信外頭有熊，但不斷煽動恐懼的元素，使他接觸到恐懼的氛圍，於是內心便滋生了恐懼，這完全是出自於他自己的暗示。

在同一個家庭裡，一個小女孩害怕在晚上獨自就寢。一天晚上她有了伴，是一位年紀更小的女孩，在談話間她們忘了恐懼，聊完天後她們各自回到房間獨自就寢。隔天她用堅定的語氣說：「我不害怕自己一個人上床睡覺了。」從那時起，恐懼漸漸離她而去，直到她幾乎不再害怕，不再是從前那個膽小的小女孩。

暗示可以用言辭表示，或由任何外在的作用形成，而為某個人帶來福祉或傷害。就讓那些暗示取代你心靈裡的每一個缺點吧，你可以針對每一個缺點去組織自己的形式。

假設你一生中最高的目標是保有一個好職位，現在讓我們來做一個暗示的示範。假如你受雇於一位農民，自身沒什麼錢，也沒有良好的教育或朋友，你的工作永遠遇不到貴人，最糟的是，你滿腦子都想做你不可能取得的職位。

那麼，第一件要做的事情就是克服失敗的想法，把目標訂在你能力之外的想法上。時常去想，讓那個想法在你心靈裡沉澱，漸漸習慣它，去「看見」你在那個職位上，你能成為某種人和做某種事的想法就會慢慢佔據心頭。

做好你目前的工作，儘管它很卑微，但都要盡量做好，且要全心全意做到好。最後，那份工作會變得沒那麼討厭，而且還會滋生出一點樂趣。很快的，透過你自身的努力，你會遇到更好的工作機會。

現在，盡可能做好每一項工作，不要空想著未來。但或許你會說：「我就是忍不住要猜想未來。」那就反覆對自己說：「**我不擔心任何事情，沒有什麼可以煩擾我。**」你可以在任何覺得缺乏的方面做這樣的自我暗示。

不要對任何人說出你的抱負。

然後在家裡研究你想學習的事情。不要著急，在家裡默默、仔細地研究，機會終將會來到。機會來到時，你以往誠懇的服務紀錄，就是你現在所擁有的最佳證明，請有氣魄地直接提出申請。如果你感到怯懦，便像之前的暗示一樣對自己說：「要有信心，我一定有信心。」假如錯過了這次機會，便繼續暗示下去，直到你感覺到自信。自信和你想要的職務會一起到來。

這個原理適用於各行各業。想成為老闆的人也可以應用它，結果一定會成功。

我們再假設，你是一個業績不好的生意人，你的貨架上堆滿了陳舊的商品，你的靈魂充滿了怨忿和惡意。此時，你要反轉自己的想法，不再談論和想著別人的錯誤，問題就在你自己身上。

培養對一切的善意，在想像中看見自己是成功者。慢慢的，你的臉會充滿善意的笑容，然後提升業績的點子會隨之而來。你的顧客喜歡順道來訪，有的會特意上門，然後逛逛，於是你成功在望。任何職位或職業也是一樣，做你想要的自己，把自己打造成你想成為的那種人，結果會自然來到。

千萬別說「死」。一旦種下那個種籽，它一定會繼續生長。**每一個強大、清楚的想法，都會讓你更接近目標。**當你讓心靈進入平靜狀態時，想法便隨之而來，點子自會給你暗示（因為想法來自外界，你不可能自己創造出重大的點子）；然後，你將暗示的力量聚集起來，達到成功的圓滿結局。

就讓正向的暗示
取代你心靈裡的每一個缺點吧！

能量振動定律

之前提過，潛意識心靈能夠從智慧的源頭接收到模糊的觀念，假如父母親友和意識心靈加之於他的限制沒有造成太大干擾的話，那麼他的每一次行動都會受到**生命振動力量**的控制。

這種生命力一直維持著思維振動能量的運作，心靈若能與它和諧一致，便能夠感受到強烈的喜悅，這種喜悅一旦進入內在心靈，會把健康和力量傳送到全身各處（無論是精神上或身體上的），不僅為現在製造幸福，也為未來帶來自信。

這種透過思維振動而產生的力量，會引導一個人去追求適合他性情的目標。也就是說，一個人追求某件事物的熱切渴望，就是這種力量在對他產生影響，這種渴望試圖要他努力，但**拘謹的心靈**說：「那對我來說太崇高了。」或是：「我永遠做不到。」而不是邊做邊學，接受引導。

接受引導並不是小事，真正的接受引導意味著：

- 我們遵循自己的傾向，不壓抑它們。
- 我們選擇自己喜歡的行業，等候內在的指引之聲。它不用透過燃燒的荊棘，而是透過做什麼事的傾向來證明。

- 方法是，用充分的勇氣去培養引導性的直覺，去影響它的暗示，並且有足夠的智慧，去避免有害的活動。
- 讓事件順其自然，不要乾焦急，並保持愉快的熱忱，讓它引導我們的動與靜。

工作，專心地工作，然後我們內心的嚮導自有警覺，會為我們效勞。我們常常想做某件事情，但又說不出原因，而事後經證明，那正好是適合我們的事情。

假如靈魂與這種思維力量一致，任何缺乏的元素就可以馬上被補足。許多所謂受過良好教育的人，把自己的潛意識心靈限制在老師和教科書所傳授給他們的觀念，而不理睬自己的內在暗示，由此培養出一個**過於拘謹的個**

性，以致於智慧無法進入到他們的潛意識裡。因此，他們雖然博學，卻沒什麼智慧。

透過思維振動而產生的力量，
會引導一個人去追求適合他性情的目標。

請求的定律

我們經常聽到，在禱告或請求得到回應之前，一定要掌握住某些神秘的事情——即所謂的「信念」。然而，這不完全是正確的，就算是，若要產生最好的結果，信念也只佔了非常小的一部分而已。

事實上，我們不需運用任何信念，只要透過自我暗示而得到一個冷靜、和睦的心靈狀態，思維的振動能量自然就能帶來結果。

神聖的生命在眾人身上閃耀煥發，人若不被好色、恐懼、仇恨、貪婪所引動，也沒有因為生活而帶來浩劫般的種種罪惡感，那麼無論走到哪裡，他們的臉上、身上和舉止中，都會散發著喜悅。

這種生命永遠會和生命的主體連結在一起，並且持續地接受流入，而這種流入正如之前提過的，會被送到**潛意識心靈**裡，指導和引導我們走上平靜、幸福與富庶的道路。但只要**意識心靈**取得優勢，用它的方式指導我們努力的方向，這層影響就中止了。

塑造自己的生活，結果可從我們做某些事情的決心來得到印證。我們在很多時候為了實現理想而奔波，但往往以失敗告終；或者，就算成功了，結果也不盡滿意。然後，我們會試圖指導我們的引導性精神及潛意識，但其實應該是它們來指導我們。於是，我們產生了不安、懷疑、煩惱，使得我們失去平衡，就像睡著的人站在高樓窗戶的框架上，一旦清醒，便隨時有掉下去的可能。

改變生活要靠著自然的吸引力，而不是單靠腦袋的思考。智慧是上天的引導之手，你要接受引導，因為如果拒不接受，你內在神聖的生命力便會成為一股製造不安、匆忙、慌亂和衝突的力量，而這個引導無論如何都會把你帶到達到成功最適合的道路上。

倘若一個心靈無法實現它想要的結果，即使努力到筋疲力竭，仍然徒勞無功，那麼它可能會變得乖戾、憤怒、仇恨。在那種情況下，如果為了某種物質目標而禱告，是不會有結果的，因為心靈世界不識得金錢與財富。

反過來說，如果為了平靜、力量、信心（或信念）等特質而禱告，即時和持續性的結果便會隨之而來，我們從這個結果可知，用來製造每一件必須之事的信心，就是相信上天，而祂逐步解決了我們的困難，引導我們將心力放在適合我們的地方。於是我們得到自身之內的上天（也就是內在意識）指引，走向最適合我們的工作。因此，如果你有抱負，認真的渴望某個職業，那就是你的嚮導在試著把你引導到那裡去。

不要衝動辭掉你目前的工作，急切地一頭栽入你眼前認定自己該做的事情上。只要秉持住想獲得那個職位或職業的想法，聽從引導性的脈動，然後逐漸地進入新生活。**一點兒也不需要刻意塑造你的人生，沒有成功是經由勉強的努力而來的，它會在不知不覺中輕鬆、和緩、快樂地出現。**

讓你的人生順利地走下去，去感覺和知道你會達成目標，同時也別擔心方法。這種心態會引導你去做對的事情，才不致於把精力浪費在徒勞無功的期望上，就像你打算在往後的人生中做某種大事業。湯馬斯．愛迪生

（Thomas Edison）之輩把這個原理闡明得非常適切：**安靜、專注、耐心，完全投入在要處理的事情上**。

如果你的心靈處於倉促、潰散的狀態，它會引導你避開目前的任務，去處理也許未重大到需要投入全部心力的事情上。它會從你周遭的元素中吸引與一心想著失敗相似的心靈思考力，然後，不管你從事什麼工作，它都會把失敗吸引到你身上。

不斷用自己期待去做的大事煩死朋友的人，不會成就任何事情；而成功的人對自己的點子守口如瓶，而這麼做會讓他得到更多力量。它的發生是透過一個偉大的定律，但這個定律讓我們無從探知未來，它教導我們，**真實的生活是滿足於目前的環境，對未來懷有抱負，並且相信我們有能力——透過與人類內心的上帝的聯繫——在任何時候去吸引到所有需要的事物**。

也就是說，一切智慧和力量的源頭加上心靈的吸引力，能夠從那個源頭吸引到所有需要的事物。這是一種接受的狀態，一個人能在這種狀態中得到源源不絕的活力和生命力，進而提升吸引力。

而且，在一個人為了維持適當地位而滋生更多點子、造成對財力需求成長的同時，他的個性也會跟著成長。由此，他維持較高級的生活水平，就跟維持原來的水平一樣容易。

我們知道，所有的忠告，無論符不符合邏輯，都是在浪費力氣，也知道這些事情的相關知識一點忙都幫不上；如果你現在處於匆忙的狀態，即使你能理解我們在此所說的真理，你也不可能產生突然的改變，畢竟傳承了數千年的影響力，不會一下子就被克服。

但如果你渴望改變你的生活、你的思維模式，你便要付出十分的注意力；如果你要平靜，就對自己說：「我的心靈一定會平靜。」把你自己想成一個心平氣和的人；需要勇氣（在它最底下的是恐懼），你的內心就會滋生勇氣。一段時間之後，你會發現自己變得很投入於某種工作或研究之中，你的心靈安然自在，你的臉會漸漸充滿氣魄的力量，你的身體變得更勻稱，財富更容易到來，生活中不再有乏味、無趣的事情。

假設你工作過度，身心都工作了很長的時間，並且超出自己的體力負荷，而你還有一個大家庭要養，你更擔心下一次房租的錢不知要從哪裡來……種種的擔心，都是由於你的心靈狀態缺乏勇氣，所以無法冷靜下來，讓你可以無懼地面對世界，並索求你應有的權利。

不要以為這句話的意思是強迫世界給你一個不勞而獲的生活，它的意思是，要靠著自己的責任感，去得到與你的志趣相投的工作，而不是期待別人給你這份工作。這份工作不應該超出你的體力和心力，而且應該讓你賺取到足夠過舒適生活的收入。

扭轉你的心態，追尋勇氣，感受和了解你不可抗拒的力量，用它來克服一切實質的狀況。**追尋平靜和智慧，學習期待更好的事物**，不久之後會自然發生小小的變化，那會減輕你的負擔。

其他類似的變化也將不時發生，直到最後，你會發現自己已經達成想要的目標，而且說不清這是怎麼發生的。

向上蒼要求更多的智慧是你的權利，不要軟弱地把它當成是一種恩惠來祈求，你要決心擁有它。但要小心，不要堅持於會對你造成傷害的東西，因為你會得到任何你索求的特質，無論好壞。看清自己的缺點需要智慧，而你要具備決心，去了解你的內在自我。

別勉強自己，但是，假如你心靈目前的狀況允許的話，你可以期待結果。也要不時地練習遺忘自我，把自己完全投入在你所做的事情上。

智慧與知識並非同義詞，
兩者不完全一樣。

想像力定律

很少人知道，有一種定律能讓我們藉以培養心靈裡所秉持的任何想法。這個定律支配著每一個人，而且不停地運作著。

它的影響可見於每個有本事的人，而他們也都正視到它的存在。

人的心靈在嬰兒時期是純粹承襲而來的，在潛意識中它尚未獲得發展，而就在此時期，心靈像是一個全新的留聲機，準備好接收它的第一個印記。父母給予它潛在和遺傳的性情，當它注意到第一件事時，便留下了第一道印記。此後，它每注意一件東西、一個想法、一隻動物，就會再增加一道印記。然而，它生活周遭的思維氛圍卻不一定會刻劃在上頭。所以，個體性的形成，並不包含孩子特意的努力。

當孩子長大成熟時，記錄在案的事情裡，可能有許多是不好的，恐懼和優柔寡斷也許都在其中。而為了在留聲機上留下更多永久的印記，就必須先移除現有的紀錄。假如有一個人想要看他人生中第一個印象之前的那段人生，他看到的會是他所想像的情景。人們很容易製造出類似的情形，且持續地想像，而這會消除所有早期所學到和早期環境中所受到的影響，他的性格因此會隨著這個特意的引導而形成。

現在，每一個想法都會產生一個新的印記，於是，當他眼前出現象徵某個想法的東西時，那個想法就會跑進他腦子裡，心靈留聲機便接收到一個印記，而類似的想法會製造出更深的印記。

一個人心裡若記著他想變成什麼樣的人，會讓需要的元素進到留聲機或潛意識裡，然後他便成長為那種性格的人。

有句玩笑話是：「想像你自己富有，你就是富有的。」這句話經常被基督科學的反對者拿來駁斥，但若改成：「想著你自己是有錢人，你就會變成有錢人。」並且得到性格和幹勁的實質力量支持，那麼這句話便多少有其真實性。

另一方面，影響力、智慧和幹勁，不用靠想像力就能帶來結果，然而，想像力最佳的運用是，能夠把這些特質併入才智之中。

以下是芝加哥報紙的一則剪報——不言自明的疾病：

女子死於逼真的想像

她認為自己被下毒，這對她的心臟功能產生莫大影響，終致死亡

芝加哥，星期二。

「沒被下毒，但因為以為自己被下毒而死亡」，這是康乃爾的史普林格醫生在解剖維琪尼亞·傑克森（一名黑人老婦，曾為奴隸）的大體後，於今天做出的奇特定論。史普林格醫生說：「這名老婦人認為自己被下毒，這對她造成了十分重大的影響，使得她的心臟承受不了而死亡。」傑克森太太的鄰居送她一瓶褐色的液體。警察說，黑人老婦人在嚐過瓶子裡的東西後立即感到不適。很顯然，她貿然斷定自己被下毒了。

殺死這位老婦人的並不是對心臟的想像所造成的影響，而是把身體與靈魂結合在一起的精神和諧性切斷了。

早期印記最顯著的效果是，當孩子長大後會抗拒任何改變。他相信他被灌輸的任何事情，而不考慮是否有道理或對錯。在不知道有更崇高心靈的情況下，他排斥每一個志向，不管這是由自己的靈魂或別人所提出的。

父母知道的愈少，孩子在他們所有特性上的信念就愈堅定。

為了引導出新的、更好的心靈，除了勇氣、決心等心志（他們或許曾有過），孩子必須先捨棄他所有被教導過的事情，然後把重新學習的東西建立在一個新的基礎之上。

我們在這裡拐個彎去看看從前的迷信行為。我們的父親祖輩所效忠的信仰，被某些人拿來當做永遠適用於事情的理性和直覺，而且他們敢大聲宣示它的荒誕。他們完全無法消除年輕時所受的嚴格訓練印記，即便知道那些觀念是錯的。

晚上獨自坐在火爐邊，想像「勇敢」這兩個字出現在你眼前。看著它，默唸它，想著它，讓它深深陷入你的心靈裡。閱讀《聖經》，然後你會知道更多關於想像的力量，你會慢慢變成你眼前所想像的狀況。

想像你自己是一個理想的人，盡量接近你所能理解的完美。這裡指的不是你的容貌或體格，而是一種全心全意、誠實、認真、堅定的人格；要廣博到能看見所有宗教、國家、個人的好，格局要大到想著擁有千金、土地、馬車和馬匹而心不亂。

在心靈裡秉持這個想像，然後常常去想，不要急著看到結果。

這個定律不只適用於人，也適用於所有的生命。

如果這個方法太難以理解，就暫且擱下一陣子，但要繼續做自我暗示，每天用這些暗示培養你可能缺乏的特質或元素。

想著你自己是有錢人，
你就會變成有錢人。

正確的心態

我們談過，一個人或許會有的心靈程度，所包含的範圍很廣，從幾乎不思考的笨蛋（活得像低等動物一般，受到不良天性的引導，知道吃和工作，但心靈卻從不接受新的想法，也從未擁有抱負或流入的智慧），到頭腦清楚、堅強、冷靜、勇敢、有抱負的心靈（把自己提升到世界之上，再回過頭來把世界提升上來）。

但是，由於勇氣、自信、正義感、力量的程度不同，思維方式也不同，每個變數都會造成不同的結果，而且那些結果的差異範圍相當大。因此，適當的心態在程度上，是一個人能夠清晰、平穩、和緩地思考，不被其他突然冒出的想法干擾，也不用特別費力地活在這種狀態中，而是把它當成是一種自然的狀態；這種心態會持續前進，並促進發展出強而有力的想法，從不害怕畏縮；它是一種充滿平靜、智慧、力量和正義的狀態。

曾經學過心靈吸引力的大部分人都了解，那指的是一個人什麼都不用做，只要屏息等待結果，但另一方面，心靈其實是被強健、積極的想法所佔據。也就是說，在斯文的冷靜之中，正孕釀著理性、切實的事業規劃；良好的判斷能夠避免致命的錯誤，專注的力量能夠防止破壞個人目標的有害活動；而自信能夠產生帶有樂觀的安全感和平靜。這樣的心靈會穩定地朝向富裕前進。

每一個明理的人都知道，要付出某種努力才能取得結果。我們看到一個人拿著斧頭走進森林裡砍下一棵樹，他付出身體的努力，樹倒下是努力的結果，而相較於做為一棵樹的價值，木材的價值更多，這是從他的努力中獲得的增值。然後，我們看到同一個人僱用一些人去砍樹，因為他把時間花在銷售木材、賺取利潤上。

第一個例子是體力勞動的結果，既單純又直接；第二個例子是秉持勇敢和自信的心態，透過這樣的心靈狀態去建立事業，所導致的行為是那種心靈狀態的自然合理結果。要是他在勇氣方面有一點點遲疑，他便會害怕發展事業，害怕支付工資的責任，害怕找不到市場，害怕生意不成功，結果便是放棄嘗試建立自己的事業。

擁有正確心態的人，在別人眼裡會直覺地這麼說：「他注定會成功。」他把別人花在擔心的精力拿來用在工作上，工作對他來說，已變得像空氣一樣必要，然後按部就班的去進行他的救贖。

這包括一種恰到好處的沉穩，**因為心靈被所關注的事物佔據著，因此便無懼於其他更優越的人或會造成影響的事項**。事實上，他人的想法並不等於他們的個性，他人的決定也無關於他們的善與惡，也就是說，沒有任何批評、對任何事情的分心，或一丁點的害怕和擔憂能支配正常的靈魂，即使對簽署契約的焦慮和懷疑，或對實踐契約的擔心，都不能造成影響。

這種狀態——不激動，不被激怒——並不允許過度使用一個人的力量，因為任何類型的憤怒、擔心或激動，一旦在你心靈裡留下深刻的印記，思維便會迅速耗竭，效果類似於使用無負荷量的引擎來轉滿蒸汽壓力，結果是，引擎很快就會爆破成碎片。

憤怒是精神錯亂的一種，它會提高思考的緊密度，容易讓人沒遇到事情也會滿腦子胡思亂想，結果就像一個人握緊拳頭不停地對空揮舞，揮舞得愈用力，傷得愈重，愈是憤怒，心靈力量流失得就愈多。這種憤怒的心靈狀態會造成身體的疾病，表現出來的形式也許是頭痛、消化不良等等。有些人以為憤怒是力量的象徵，但**心靈的力量其實是有本事隨時保持平穩的脾氣。**

適當的心靈態度不僅可以讓人隨心所欲地對其能力做最佳的運用，也能藉著吸引力量，來推動工作的進展或提供新企劃的想法，以及讓一個人接觸到銷售業務的人來增加物質財富。

首先，一個人藉著他堅定的想法去遇見類似想法的人，並與之交流；其次，去接觸那種層次的人物，對方必然是受到大家尊重的人，而且通常是很可靠的朋友。這並非是不可能的幻想，而是每一個成功者多多少少都該秉持的心態。

如果能夠培養這種心靈狀態，把花在某些事情的注意力用在這方面，心靈便會活在一個新的世界裡，用不同的角度去看每一件事情。從前沒注意過的累積財富機會，現在就在身邊，而且會了解到，**一個人做了什麼，比他做了多少還重要。**

由此，往往一筆生意就能帶來財富，一個堅定的人賺取一百元，就跟一個軟弱的人賺取一塊錢一樣簡單。唯一的不同是，有大志、有氣魄的人，有賺取一百元的企圖心，而軟弱的小伙子儘管認真工作，也只會用勞力去賺取一塊錢；這就是兩種人對金錢的不同看法。

堅定想法很重要，一個人在家裡（他的僻靜之處）時通常能夠保持崇高的心態，吸引到心態和他一樣崇高的人，但當他出門接觸到外面的世界，他便有可能遭遇到其他人的低層次想法並受其影響，於是頭腦變得不夠清楚，降格到他人的層次上。

也因此，一個人不該向任何人敞開他的靈魂，不該讓任何人支配他或自以為是的取得優勢。他若要保留住他的健康和財富，在身上披上保護的斗篷，方法不是高傲自大（要承認自己的缺點），而是要想著自己與他人有所區別，想著要過自己的生活，自己是一個獨特的個體。如此，他的朋友才會更尊重他的意見和人格。

然而，有些人的心靈狀態是冷清、狡猾、自私、無情的，他們由此而造成自己的痛苦，既吝嗇又鄙陋；這種狀態是吝於對大家付出愛和善意的結果。他們太害怕貧窮，所以不管手裡有什麼財富，總是握得緊緊的。

如果你想要幫助需要依賴別人的人（不要與迎合自己情緒的愛弄混了，也別想用善行當做搏得讚許的保證），最好為那些貧乏軟弱的心靈灌輸尊重自己的觀念，激起他們自立自強的欲望，鼓勵他們開始某方面的努力，教導他們獨立自主。如此一來，他們既能獨立，你也不用因為付出而毀掉自我，並且讓受惠者比以前更沒有獨立的能力。

有目的的行善多半是一種自以為是的愛，存在一種「你是幫助別人的善人」的想法，一種站在一旁輕輕拍背、讚許善行的得意，覺得有時候我們也許會需要憐憫。所以，如果我們施捨什麼才能得到什麼，那是完全缺乏對上天的信任或對自己的信心，所以才會刺激我們去付出憐憫，卻不曾想過要把別人推到自立更生的基礎上。要明白，**鼓勵人們依靠自己而不是靠著救濟度日，對你自己和他們都好。**

有一種軟弱和缺乏自我依靠的想法，讓有些父母以為他們的孩子會照顧他們的晚年，但那通常會造成子女要容忍他們，卻不是因為他們是父母而愛他們；要不然就是任其漂泊無依，置之不理。

若是父母能以自己的方式生活，也教導孩子照樣做，他們在晚年時的吸引力，就會比任何時候都更強大；財富會來得更容易，他們的孩子和朋友也會因為他們天生的實力而愛他們。

我們的人生是我們知道自己唯一擁有的東西，應該要充分活出它的價值，而不是任由孩子、朋友或其他貧困者汲取，然後讓自己在下半輩子像被束之高閣一樣徒然無用。你唯一需要擔心的「信任」，是關於你自己和透過自身努力好好過日子的能力。

有一種心靈狀態可以讓人了解，成功和獲得財富會等待懂得思考的人，於是有人追尋這個目標，然後得到它。與此情況相反的是，有人會說：「這好到不真實。」或是說：「那種好事我沾不上邊。」這便是實質進展的重大阻礙，無疑是在自己眼前築上一道石牆，一道不可跨越的障礙。

何苦阻擋自己走向富庶？為什麼不去感受和了解人類意志那不可壓抑的力量，然後在你內心操練那股力量，培養你潛在的能力？**享受人生是你的權利，也只有你自己的想法能阻止你。**

市面上出現許多類似催眠控制的廣告，有一種說法是，如果有人通曉影響力的精妙奧秘，便沒有人能夠抵抗他的影響力；如果操弄者親手做了某種神秘的符令，只要放到某人眼前讓他盯著看，就可以令他放棄一切想要的東西。這種說法是錯誤、愚蠢和荒謬的，找個時間試試看，你便會發現自己不得其門而入，很快的，你想要捉弄的人會覺得你是個十足的笨蛋，然後轉頭忘掉你。

現在，反過來，假設你讓你的心靈進入平靜和充滿力量的狀態，然後你迅速走進辦公室提出自己的要求，同時期待得到想要的結果。對方一定會感受到你的想法，並且受到它的影響。你是否曾經遇到過，你願意為他做任何他想要的（合理的）事情的人？你在第一次遇見時就喜歡上的人，而他給你的印象就是個好人？為什麼你會有這些想法？只因為那個人把善意傳遞給你，而且他的心理狀態很堅強。他從不害怕，也不討厭任何人；他有抱負，善用他人去推動他的目的，但通常為別人做的比別人為他做的還多。

事實上，他在為別人追求福祉的同時，也在為自己追求福祉。你覺得他想對你有所用處，而那種心靈狀態在你的靈魂上敲響了回應的和弦，於是你產生了想要幫助他的想法。那就是個人魅力，你喜歡他，是因為他喜歡你，這樣的人從不缺乏任何東西，金錢、朋友、成功、幸福，他都有。在幫助別人的同時，他也在幫助自己。

勉強別人依照你的意願做事，把你的心力放在這上面，然後要他們做出違反他們自身利益、迎合你財務利益的事情，其結果必然是失敗的。每一個從你心靈裡傳遞出來的這種想法，它都會產生反作用，降低你的心靈力量，提高惡意的元素，進而引導你去接觸到詭計多端、擅於設計和想傷害你的人。你要明白，近朱者赤，近墨者黑，你和詭計多端的人在一起，你也會變成那樣的人。用陰謀詭計去構陷別人是完全沒有必要的，而且最後必然招至全然的失敗。

我看過一些強大但財務名聲不好的人，並決心與他們混熟，然後研究他們的內心世界。他們沒有一個人過著愉快的生活，即使有些人認為乘遊艇出海、打高爾夫、養純種馬和賽馬才是享受的極致，但他們失去了生活中真正重要的東西：能使心靈滿足的生活樂趣、擁有和諧心靈與呼吸純淨空氣的福氣、愛好和平與和諧相處的大度量、努力創造和看到成功結果的愉快。

他們是蒼白的墳墓，基督教的地獄之火也不會比他們靈魂裡的火焰更熾熱，而這都是在他們有錢的時候，但其中百分之九十的人最後卻都死於貧窮。實在不明白，為什麼會有人弄出那種想法？

我要表明的是，一個人的巨大無比力量，在卸下了恐懼、厭惡、嫉妒、貪婪和多疑的過多負荷之後，會被導向歡樂和成功的事情上，讓他不用踩著被擊倒的同伴身體，也能走向健康、財富和幸福。

在為別人追求福祉的同時，
也在為自己追求福祉。

有時候遺忘比較好

當你尚未成功、且一切看來都那麼令人沮喪的時候，只要記住，那是每個人都會遇到的過程，暫且忘記它吧，讓自己定下心來，凝聚精力，等待再次出發。

這種遺忘的力量是心靈之力的最佳考驗。當一切看似灰暗的時候，陽光躲在疑惑之雲的背後，心中感覺生活是失敗的，世界是錯誤的，但你必須擺脫這種想法，讓自己對光明和快樂的事情產生興趣，如此才能萌生力量，這是不管用何種努力去獲取成功的必要特質。

因為**當心靈在應付任何工作或擔憂的時候，它會消耗精力；當忙得很快樂的時候，它會取得精力和力量**。如果你不停地掙扎、纏鬥，並斷斷續續地嘗試想取得物質財富，卻都徒勞無功時，你的心靈只會愈來愈軟弱，更無法達到想要的目標。但相反的，如果你有足夠的自制力，把心靈扭轉到更輕快的事情上，像是在美麗的鄉間小道上散步或開車，打一場球賽……總之，就是讓你感到充分享受的消遣——這能讓心靈安定下來，並且趁著休息的時候凝聚精力。此時，恐懼在你新的心靈看來是那麼愚蠢，於是你能鼓起勇氣再去做，毫不勉強或導致精神衰弱，也能把手邊的事情處理好，為未來建立起一個堅強的個體狀態。

所以你知道了，遺忘的力量對於你的快樂幸福來說是多麼必要。如果你不能忘記煩惱，便對自己說（心裡也同時想著）：「我必須忘記我的煩惱。」信心滿滿地堅持得到遺忘的力量，不要沒耐心、焦急、抱怨，反之，要利用你能夠召喚到的任何信心或信念。你的負擔會愈來愈輕，心靈也會愈來愈健康，而且你擔憂的根源，也就是所有的恐懼，都會煙消雲散。

但是，**不要害怕向上天誠摯地提出請求，你要用上你所有的力量，請求**

你可能缺乏的任何特質。供給是無限的，你所能吸收的都會是你的——如果你的請求方式正確的話。

謙虛並不代表膽小懦弱，它只意味著要理解上天美好的愛、力量和公正；要理解你身上就存在著這股形成你生命的力量。而且，如果你的心靈沒有受到充滿疑惑、懷疑，並因此擔心不已的干擾，以致於無法採取行動，心靈便能溫柔、和藹地引導你走向物質富庶和幸福的境地。

事業成功的一大障礙是把工作帶回家。你的心靈在白天一整天裡按照習慣辦事，每天晚上也是根據意識生活中習慣的時間上床睡覺。這種類似的想法源源不絕的產生，不斷令思維能力作嘔、厭惡、衰弱和萎靡。沒有接收到令人耳目一新的新想法，就沒有進步，其結果便是失敗，就如只吃馬鈴薯而不吃其他東西，日復一日下去，身體也會產生類似的狀態。心靈需要糧食

（如果你喜歡的話，可以說成心靈糧食或精神糧食），就像身體需要實質的食物一樣，除非得到糧食，否則不可能有精神充沛的生活。

下定決心把工作留在辦公室，努力過好你的家庭生活，參加有益身心健康的娛樂活動。如果你的心靈夠堅強，就忘記你的煩惱，如果沒有，就去請求遺忘的能力。

想著能讓你開心的想法，那一天裡或你過去的日子裡，任何小小的有趣插曲都行，把心靈扭轉到自己選擇去想的事情上。這種技能並不尋常，它需要強而有力的心靈，就像我們正試著反覆灌輸給你的那種。

擔憂的想法一旦傳遞出去後，就會遇到其他類似的想法，兩者會相互增強，然後帶著更大的影響力回來，讓原本痛苦的心靈更加煩擾。這種疾病會嚴重到令人無法忍受，如貧窮的想法會讓一個人陷入極度的擔憂之中。

如果沒有什麼可以煩擾你、讓你擔憂，心靈一直處於快樂、靈活、有抱負的狀態，這難道不是一種福氣嗎？如果你一事無成，那難道不是你煩惱的回報嗎？你願意軟弱的說你做不到，然後繼續過著沉重乏味的生活？或者你會說：「唔，試試無妨。反正沒有人知道，如果我失敗了，也不會有人笑我。我願意試試看。」要知道，那是需要成長的歷程。

消極悲哀的觀念不靈活、沒彈性，不會伸入新領域去尋找更寬廣的事業道路和快樂，同時也讓心靈受制於擔憂，陷入泥沼，甚至受疾病糾纏之苦。

而擔憂是心靈疾病——恐懼——的一種症狀。

驅走你心靈裡所有的恐懼，對自己說：「事情將降臨到我身上，我會成長為一個成功的人，我充滿勇氣。」漸漸的，你會匯聚勇氣和樂觀，然後所有的擔憂都將煙消雲散。

我認識一名女性，她深深受制於恐懼，怎麼都不肯讓小兒子離開她的視線，時時擔心他會發生不測。只要孩子走到室外，她就會衝出去把他帶回來，通常還伴隨著驚叫。所以，那個可憐的小傢伙生活受到了鉗制，他健康、活力的行動被限制住。原本可以長得很強壯的美麗花苞，最後變成發育不全、說傻話又膽小的呆子。

這是千真萬確的事，那名女性原本可以做得更好——要是她能讓孩子勇往直前，並且獲得精神上的自由，而不是深陷於恐懼的泥沼裡，且嚴重到無法脫身的地步。母親完全無法控制的恐懼，摧毀了孩子所有成功的機會，而且智慧、冷靜判斷和靈活等令人充滿進取心的必要元素，都無法停留在他的心靈裡。

恐懼是愚昧的根源。

勞力與心靈吸引力

所有的人都會把自己歸類為主人或僕人，有些人必須擁有十足的勇氣和獨立自主的能力，才能展開自己的事業，僱用別人去執行他們的點子，否則他們就必須為有點子的人工作。

因此，這多半是由個人決定自己要不要服務或是被服務。如果有某部分的力量得到明智的引導，那麼用了多少力量，就會產生多少結果。所以，減少的結果只會是由於缺乏智慧而犯下錯誤所造成的。由於主人和僕人這兩個特質可以同時存在於一個人身上，所以不管你這輩子從事什麼職業，它都會完完全全地跟著你。

沒有人可以只依靠體力去達成了不起的結果，這是不證自明的事情，而且得到回報的量一定是有限制的。如果努力完全以勞力的形式付出，沒有心靈的協助，那每天的平均報酬就是一美元七十五分（將近現今的三十一美元），但如果身體能與心靈合作，而且出力者是技術純熟的工匠，那麼報酬將會有實質上的進步。

以木匠為例，如果一位木匠承包蓋房子，然後僱人來幫忙，心靈就變成了主導要素，體力則成為次要，因為在他能夠親自出力之前，他必須先配置材料和指導工人。

接著，隨著事業的成長，他會為一些事業的瑣事忙碌，身體變成只是用來承載心靈在各個工地間四處巡查的工具。於是心靈取得主導權，不管他覺得自己的努力值多少薪水，只會受到競爭的限制。

因此，**一個人一定要有勇氣去冥想，假如他有錢的話會如何承擔責任，他必須想像自己完全是依靠自己的點子和能力走向成功之路**。如果把自己舒適地安置在某個公司或事業強人的保護羽翼下，只會停滯不前，甚至帶來退步，而且幾乎沒有例外的，隨著年齡的增長，生活的考驗會愈來愈多，薪水卻毫無長進。

開始的時候，請先想像自己是自食其力的人，只依靠自己；這會帶來力量，讓吸引力的自然定律自動運作，然後你會漸漸得到想要的獨立能力。如果你不想獨力展開事業，至少要培養的心靈想像，是為某個人撐起和扶持他的事業，然後得到豐厚的薪資。

心智努力後得到的是豐厚的回報。培養心靈的強度，能夠開拓出更寬廣的視野來看每一件事情，事業也會有較大的格局。每天工作十小時、每天只賺兩塊錢的人，所運用的是體力；每天花四小時待在自己事業場所裡的經紀人或金融家，靠著運用心力（而非體力）卻賺取更多的金錢。那麼，讓勞工想像他自己在金融家的職位上，相信他的心靈會立刻冒出佔有那個位置的念頭。那是一種激勵或抱負，但接下來的想法通常是：「噢，我做不到。」顯得缺乏自信和勇氣。

這就是心靈態度切入的地方，你必須為自己營造出一個情境，你要能感受到「我能夠、也願意做」，然後不要竊喜，不要激動。假如你說：「我可以靠勞力一天賺兩塊錢。」那就會是你真正的生活情境。

想法的投射所帶來的回報，與它的特色一致。**堅強、勇敢、積極的想法，會帶來健康和財富，不過那種想法不能「胎死腹中」，否則便得不到回報。**勞工若不付出勞力便賺不到錢，勞心者也是，除非想法被有力地投射到世界上，而且堅定不移的希望、有毅力的期待，和自我暗示所帶來的自然情況，會讓人投入更多的努力。

現在，每一次你想著：「我對這種情況感到厭倦，不想再這麼下去了，我要把情況變得更好。」你就是在對自己做自我暗示。不斷重複這個想法，會讓你真的相信做得到，然後你會對此產生源源不絕的熱忱，你的臉上會充滿光采，腳步變得輕快、有活力、有希望，整個人彷彿脫胎換骨般，成為一個在心靈上能積極行動的人。推展業務的計畫便會自然形成，生活會展開新的一頁，而**反覆說著「勇氣」和「信心」，會讓你有能力且願意去做你從前不敢做的事情**。

關於用體力和心靈吸引力取得的不同結果，我用兩個觀察到的愛荷華州農民來做最佳的闡釋。

其中一個人的獨立生活，從他的父親給的七塊錢（約現今的二百一十美元）開始，但七塊錢能做什麼？把它存到銀行裡，然後找個老闆，為他工作。那是他的心靈帶給他的決定，於是心靈的狀態產生了那樣的想法和化學變化。他找了一份工作，表現得賣力、積極、有幹勁，得到食宿和每個月二十二元（約現今的六百六十美元）的待遇，然後小心翼翼地把錢存起來。

經過八年左右刻苦的生活，他存到足夠的錢，租了一塊田地，成為獨立自主的農民，最後更擁有了那塊田地。他的例子完全是靠著體力奮鬥的故事，而且最後成功了。

第二個人有三十塊錢（約現今的九百美元），他買了一批狀況不好的老馬，並以優先權購得了一塊土地。他自己栽培作物，十年後，那地與作物價值變成了五萬元——遠遠超出他的需要。

他從來不為別人工作，因為他的心靈無法接受那種想法。他只依靠自己，不求別人幫忙。

兩個人都成功了，達到自己的目標，但相比之下，其中一個渺小多了。

命運就在一個人的心靈裡，我們私底下都知道，心靈機能是可以培養的，直到一個人懂得用不同的角度去看待每一件事。

事情看起來不一樣了，成功看起來容易達成，而非像從前渴望卻遙不可及了。所以，就從自我暗示做起吧！

沒有人可以只依靠個人的體力
去達成了不起的結果。

害怕失敗，終將招致失敗

所有不幸的積極要素就是恐懼，它是缺乏自我肯定的結果，是不受勇氣元素支持時所產生的反應。

當企圖做某件報酬比以往更豐厚的事情時，有些人的第一個反應，是害怕自己無法達成任務，而這會啟動思想元素尋找其他的失敗者，帶領他們彼此接觸，增加他們優柔寡斷的負擔和一般的缺點，並且把具有勇氣的人從他們身旁驅逐開來。

迴避世界、害怕生意上的面談、自我封閉、靦腆內向、臉紅和欲言又止……等，都源自於恐懼這種元素，我們可以看到它展現在各個方面，幾乎無所不在——

● 這裡有一個人，正以飛快的速度吃早餐，因為他害怕上班遲到。

- 另一個人只要聽到老闆的腳步聲就發抖，跟老闆說話也無法做出得體的回答。
- 第三個人晚上獨自坐在家裡，心裡害怕著任何聲音，想像盜賊闖進屋子裡的情狀，即使常識告訴他，有自尊心的盜賊不會把時間浪費在這麼寒酸的屋子上。
- 生意人擔心自己英年早逝，因為害怕他的投資不會成功。
- 牧師不允許自己有獨到想法，因為害怕被指控散播異端邪說而遭到解職。
- 那個巡查員害怕他會失去職位，除非他製造麻煩和衝突，來證明他的有用之處。
- 商人害怕的是交易量下降……

所有的不安全感都是恐懼的基礎，所有人都知道這種自我虐待、摧毀靈魂的元素——恐懼。

自有世界開始，「恐懼」使一直存在，而且它的勢力大到每個人和每件事都受到它的影響。吝嗇便是它的產物，緊抓住財富不放便是它的表現，因為害怕老年貧窮，因而逐漸產生權力欲望和展現愛的欲望；取得財富的習慣變得如此牢固，致使欲望無所限制，任何數目都無法滿足它的胃口。他們因此神經緊繃，對於極限感到焦慮、緊張、苛刻、頑強，直到臉上長了皺紋，眼睛不得休息，手指顫搐、雙臂搖晃。靜靜地坐在椅子裡放鬆肌肉和休息，對他們的天性來說是陌生的，而且對他們本人來說，根本就是折磨。

那種人沒什麼常識，沒有人會尊重他們。我記得鐵路局有一個粗魯的老經理，當一個新來的職員被他的問題問得惶恐不安、臉紅結巴的時候，他轉頭問職員的領班：「約翰，那個該死的蠢蛋是怎麼回事？」他的話裡沒有情緒或感情，就是質問的意思。他們必須一直動、一直做，不能也不會休息，直到神經系統崩潰；下班後，假如經濟狀況允許的話，他們會飛快地跑到某個健康度假中心休息，恢復精神，然後發現，經過多年不停的活動後，休息並不是可以想做就做的。

因此，為了保障健康和成功，培養勇氣是必要的。

- 勇氣可以直接看出難處，或新的、更好的計畫，毫不退縮，仔細分析問題，提出意見，把煩惱從心靈裡趕出去。
- 在家裡時，有足夠的勇氣才能忘掉工作，好好陪伴家人和朋友。
- 有足夠的勇氣才能放鬆肌肉。

- 有足夠的勇氣才能敞開靈魂迎接新力量的流入。
- 有足夠的勇氣才能輕鬆、自然的微笑；才能活在當下，讓明天順其自然。
- 有足夠的勇氣才能面對世界，請求應得的好事，有足夠的錢可以使用，而非聚藏起來。

讓心靈以堅定、決然的態度想著一筆大收入，也許能帶來財務的成功；要學習去期待它，即使害怕佔了大部分。唯有害怕的想法會在成功的道路上造成阻礙，過度的恐懼則會阻止心靈去理解「成功屬於你」的定律；而良好的健康——也就是沒有一般的痠痛與病痛——要等到心靈安歇了，才能夠獲得理解，到時身體才能有良好的休息，也才能聚集健康和力氣。

勇氣和善意
會帶來心靈和身體的平靜。

必須明白的一些事項

之前說過，欲望是掌控命運的力量，但不能由此推斷說，因為一個人想要財富，財富就會降臨，而是一個人必須卸下他心靈所有的激情、虛假和恐懼，讓心靈不受拘束的行動，用意志控制欲望，並由智慧引導意志，那麼所有需要的東西，就會透過你堅實的個性被吸引過來。

在這個狀況下，假如有了煩惱和貧窮的念頭（它們會讓你吸引到最不愉快的事情，要盡量避免），你可以輕易地讓心靈轉而產生成功的想法，那麼被吸引到的就是成功。

一切智慧的根源不會犯錯，但人類的智慧是摻雜了不完美的元素，就像汙濁的水會弄髒乾淨的小溪一樣，他對事情會看得不夠清楚，以致犯下許多錯誤，並因此受苦。

另一方面，真誠的特質可以讓一個人察覺錯誤，任何被提出的想法都包含了一部分對的和一部分錯的，對的部分會吸引培養出真誠特質的心靈，而錯誤不會佔據重要的地位，它會漸行漸遠，最後消失在注意力的視線之外。然而，假如一個人心裡沒有真理，便很容易把錯誤的論點當成是對的，因此，**培養真理才能做到自我保護**。

如果一個人看得到另一個人身上所有的缺點，那是因為他具有相同的缺點，否則心靈特質會吸引天性較好的那一面。但沒有一個低層次的人仍能保有一些良好的特質，假如愛批評的人十分純潔（但事實並非如此），他的那些良好特質便會令他不去注意別人的缺點。因此，假設你愛散播流言蜚語，傳播惡意的元素，不僅會摧毀受害者的精神狀態，你也會受到自己思維的影響，進而增強人格上的缺點。相較之下，假如一個人能培養對大眾的善意，那麼他想在別人身上找到缺點的想法都會消失，這樣不好嗎？

所以，你**必須增強自己平靜、正義和愛的特質，才能看到別人身上的這些特質**。你靈魂中單純的欲望會開啟你的道路，因為你知道祈禱能實現欲望。然而，準備一篇冗文，跪在冰冷的房間裡急促地反覆唸誦，就像某些宗教派別寫在他們教義裡的規矩一樣，但那不是祈禱，不會得到回應。

靈魂對誠摯欲望的溫暖脈動，會觸發所有特質都受用的能量振動，然後經由那些特質的流入來強化個體。我們所使用的是自然祈禱，樹木、花朵、鳥兒，所有的動物，包括人類，將他們對生活、愛和幸福的欲望傳遞出去，這樣的祈禱才會得到回應。

學習去控制你自己的欲望，一個人應該只欲求愛、和平、純潔、力量、正義、決心、影響力，這些特質會加諸在你身上，只要你好好培養自己的人格，金錢會自然地流入。

在你處境艱難的時候，你發現金錢得之不易，於是你刻苦耐勞地賺錢，但你想要累積錢財幾乎是不可能的，而且如果你的父母很貧窮，你自己也處於貧窮的狀態，你就更難得到金錢，因為在你的心靈裡，這樣的環境教導你把有價的物質放到高高在上的位置去崇拜。

如果你已達到自我控制的最佳境界，那麼你靠著努力而獲得的收入量，會視你力量的多寡而定，也依你對金錢的價值觀而定。

- 力量的取得是靠著保存的能量，從不焦慮或擔心。
- 是靠著不把全部或過度的力量投入所做的事情裡，只使用恰到好處把事情做好的力量就行了。
- 是靠著不胡思亂想。

● 是靠著休閒與勞動的適當交替，因為把時間都花在玩樂上的人，絕對不比因小心翼翼而疲乏不堪的人快樂。

如之前所提過的，你調節這些事情而不耗費大把力氣和精神，就像你要阻止太陽走到正中午的位置一樣不可能。不過，你應該持續的努力和強而有力地請求所缺乏的特質，因為這會吸引它們向你而來，直到最後，你會達到完美的自我控制，然後有能力使用恰到好處的心靈力量去達成結果，而沒什麼才幹的人所能完成的只是一些小事情。

有些人向來連小事情都無法克服，有些人則把視野放到更多想征服的事情上，這就是差別。

因此，一個人的意志所吸引到的東西會與他的才幹相符，假如一個人微不足道，他所得到的結果就是微不足道；假如他想的是幾分錢，他所得到的結果就是幾分錢；假如他想的是幾百萬，他所得到的結果就是幾百萬。這個定律屢試不爽，在兩種情況中都依個人的影響力大小而吸引到相應的結果。

可是你說：「為什麼弱小的心靈不一開始就想著幾百萬呢？」那是因為一個人所想的無法超越他的才能。當他累積了足夠的力量之後，他會發現自己的想法有所不同，而且得到的東西更多了。

這種力量的取得是靠著抱負的協助，因為一個人的心靈裡不斷掛念的是更多更大的東西，所以能得到更豐碩的結果。**如果沒有不斷進步的欲望，就會產生衰退，於是造成退步**。沒有人的心理狀態能夠靜止不動，它不是往前，就是向後滑動。

抱負的吸引力是雙向的——把權力和影響力吸引到你身上，另一方面，把你往上舉起、提高，就像地球和往下掉落的石頭一樣，兩者依各自的質量而產生相應的吸引力，互相吸引。石頭愈大，對地球的影響也愈大；所以，如果你的影響力愈大，你對好東西的吸引力也會愈大。就像影響力大的人很容易吸引到幾百萬元，而微不足道的人只能吸引到幾塊錢一樣，兩者都是受到同一個定律的支配。因此，你應該要增加期望得到好幾萬元的能力，不要只想著區區幾塊錢，然後你就能得到好幾萬元。

「誠實的人從不欺騙」，讓我們用這句話做例子。它的意思是，誠實的人在做生意的時候不會佔別人的便宜。他純潔的心靈會帶他接觸到誠實的人，如果有人想佔他的便宜，他內心出於本能的聲音便會阻止他接受交易。

「誠實為上策」的古諺語，所根據的就是這個科學事實，因此，**你要培養誠實的特質。這種特質是一種影響力，是讓一個人笑看煩惱的支撐力，也**

是讓別人看清他是一個強者的心靈態度。如果有人天生擁有這種特質，他會達到某種程度的成功，即使這個特質的一大部分都浪費在暴力行為中。

而自制力只有從事業的角度來看才有價值，因為它使心靈有能力傾盡全力去取得最佳利益，並且用向目標前進的堅強、靈活想法，來取代和阻止憂慮的想法。

一個具有良好自制力但軟弱（缺乏影響力和權力）的人，如果適當地引導他的影響力和保留精力，那麼他的成就會超越把精力消耗在無數計畫上但未能實現的強者，因為後者同時把精力消耗在擔心失敗、憤怒和其他耗費心神的模式上；要知道，**憂心忡忡所消耗掉的精力，和發展成功事業所需的精力是一樣的**。

只要能達成圓滿結局的點子，都能比半途而廢的結果帶來更多的回報，即使那是個不怎麼好的點子。另一方面，一個強而有力的人或許可以同時進行好幾個計畫，結果或許會跟一次只進行一個計畫的人一樣成功；不過，並不會達到他把全副心力都用在一項大計畫上那樣的巨大。

有些人嘗試做一番大事業，認為目標愈大，成就便愈高，這個觀念在一定的程度上是對的，因為偉大的抱負所懷有的影響力，會促進一個人的力量，但除非他已經得到這樣的力量，否則他的心靈會受到自我質疑的攻擊，然後缺乏實現的信心，其結果是無可避免的失敗。

這種缺乏信心的現象可從以下的表現看出來：「我知道我能夠做到！」如果一個人信心滿滿，就不會產生他能不能夠做到的問題；如果有人提出這樣的問題，他甚至可能會魯莽的回答：「但試試又何妨？」

現在，不要以為在取得任何程度的成功之前，一定要培養出「完美的」

自信心，因為，假如那是真的，那我們大部分人就不可能成功。**一個人應該做他能夠做到的事，而不受到質疑和害怕失敗的攻擊，同時要增強影響力、勇氣、信心和果斷的特質。**

只要他具備了這些特質，他會發現自己能用以前覺得少到不敢有所做為的能力去做事，另一方面，他想做番大事業的企圖心，會讓他的心靈習慣這個想法，然後他便不會那麼容易像「驚弓之鳥」一樣。到時候，他會漸漸成為一個有自信的人，做番大事業對他來說，不再是遙不可及的偉大想法，而只是個他準備好去做、且習以為常的事情。

缺乏良好的教育不會是成功的障礙。智慧和知識並不是同義詞，也不是裝飾和修飾語。有些很優雅、和善及值得尊重的人，是完全不用修飾的；反之，有些聰明人只不過是容易操縱的木偶和勢利鬼。

然而，假如心靈由於缺乏教育而劃地自限，並且說：「哦，他讀過書，當然他做得到；可是我沒有那種優勢，所以即便我試了也沒用。」這種想法是所有進步的障礙。一般說來，**我們就是我們所假定的那種人，但也可以是我們決定要成為的那種人。**

如果你有個希望他會失敗的孩子，你只需要提供讓他成功的教育，然後什麼都不給。如此一來，你為他設下了限制，於是他絕不會付出成為一個大人所需要的努力，除非他靠著自己的觀察力看到了大衛・哈魯姆（Davide Harum，是愛德華・諾伊斯・韋斯科特〔Edward Noyes Westcott〕於一八九八年出版的書《大衛・哈魯姆：美國生活的故事》中的主角，敘述小鎮銀行家哈魯姆的所作所為及其身分如何影響鎮上所有人的生活）的人生，然後證明你的教法是錯誤的。

所謂的偉大人物，指的並不是政治家或什麼有名望的人，而是沉默、堅強、有影響力和自制力的人，這樣的人總是有足夠的所需之物，並且有餘，而且能戰勝他的心理。

年齡也不是障礙。缺乏年輕人的靈活性也許會使進展緩慢，直到具備足夠的信心，但成熟的冷靜判斷力則具備抗衡作用。你的精神一直是以某種形式存在的，被稱為「年齡」的時間限制，只是軀體存活時間長度的度量方式罷了。

心靈無法擺脫一堆瑣事的人，總是想著自己而不會去專注於工作到渾然忘我，而且只會談論自己或別人，不懂得談論義意重大的事情；也只會一直講，但多言不及義，沒什麼值得聽的。

如果你很喜歡聊天，找出原因所在，那會是你的心靈狀態。

如果你得到一個想法，你把它傳遞出去，它會被另一個心靈吸收，然後強化。如果你怨恨某個人，你怨恨的情緒每增加一分，便助長了怨念，那就是罪惡。

觀賞戲劇、球賽，以及到類似的娛樂場所並不是罪惡，而是一種能促進精力的休息和消遣，值得培養。然而，低俗的休閒之處，像是附有酒吧和女侍的廉價劇院，或是含有恐怖槍戰的英雄救美等老套戲劇，若吸收到那些粗俗的思維氣氛，你的品格便會被削弱和降級。

仁慈、虔敬和聖潔都存在於以下特質裡：善意、實力、判斷力、果斷、和善、秩序、精確、影響力、冷靜和自制力；簡言之，就是成為一個有做為人士該有的一切特質。

各位父母，如果你特意選了一個孩子說：「他會擁有財富、健康和幸福。」然後選了另一個孩子說：「他會遭遇計較、憂心、貧窮和不幸。」那麼你所表現的是哪門子的公平？儘管那正是上帝告訴我們的——如果預定論是對的。你能夠相信這麼可怕的事情，竟是源自於公平正義所堅定存在的心靈嗎？你會那麼做嗎？

不過有人相信，上蒼比人類還不公平。但定律就在那兒，定律很肯定的說：你的想法造就你的人生。

你心靈所得到的每一個想法都和心靈的態度一致，而那種態度完全受到你欲望（一個人的想法）的支配。

但也許欲望是無法控制的，經過多年的承襲和你自己不受控制的想法，已變成無法改變的事情，而你必須承受同樣的折磨。

如果你怨恨任何人，你的心靈便會立刻充滿怨恨的想法，然後傳遞出去，又被你自己個性的力量所強化。這個怨恨的想法遇到一堆經年累月產生出來的怨恨想法，並且摻和在一起，然後再回到你的心靈，在之前一堆的怨恨和你之間建立起了聯繫，於是怨恨源源不絕的流向你，降低你的品格，使你軟弱，最後徹底摧毀你。

反過來說，如果你的心靈想著愛，它的運作模式也是一樣的。你愛別人，別人也會愛你，然後你愛人的能力會成長，並不斷增強你心靈的實力。任何人都可以根據自己的選擇，讓自己承受怨恨或愛，進而強化自己心靈裡的那種特質。

一般的認知情況是，大部分的人會愛朋友，憎恨敵人。但是你不知道嗎？**其實你沒有敵人，除非你把任何人視為敵人**。當你向他們傳遞怨恨的想法，他們也會同樣的回報你；這在你們之間建立起一種關係，不斷地擷取你的精力來維繫戰爭。然而，你負擔不起這種情況，它會為了創造戰力而摧毀你的財富。

只要反轉你的計畫，在你心靈裡把對方想像成朋友；這麼想著他，然後對他產生友善的感覺。這就是力量！他身上散發的電流會被你反彈回去，就像光亮的鐵盤可以反射陽光一樣，不會造成傷害，然後他會感受到你的友善，並且衷心接納。這樣的過程需要心靈力量，所以你**要盡一切所能地說好話，想好事。**

那就是控制術。當別人討人厭的時候你如果反應暴躁，和人打架、強迫他人做你吩咐的事，那頂多是粗野的身體控制。

但是當某個脾氣惡劣、狂怒的人站在你面前時，你只是善意地看著他的眼睛，毫不畏縮，無所懼怕，那麼，他的憤怒終會消退，你善意的表情和勇氣消弭了敵意，然後你會感覺到他真誠地握住你伸出去的手，那便是征服和自制力。

如果你反過來受到對方憤怒的影響，發了脾氣，和他一樣粗暴，那麼你就會失去自制力，被對方支配情緒，你的麻煩會愈來愈多。和拓荒者威廉・佩恩（William Penn，十七世紀英國著名的拓荒者和作家）交易的印第安人，就受到他心靈控制的影響。

威廉・佩恩表現得很公正，於是他們感受到他的誠實正直，保持正確心靈態度的回報，貴格會服裝就是一個人在印第安戰爭期間所能擁有的最佳生命保障（威廉・佩恩是貴格會信徒）。**如果你能先掌控自己，讓自己絕對服從追求和平的渴望，你就能掌控任何人，無論是野蠻人或文明人。**

一輛從芝加哥開往紐約的火車上，乘客被一位母親手上不停哭號的嬰兒弄得心煩意亂。她在車廂間的走道上踱步，一邊搖晃手上的嬰兒，然後又讓孩子趴在她的大腿上，神情看起來相當緊張。

後來一位男士要求准許他試試安撫孩子，幾分鐘後孩子便安然入睡，而他所做的只是把孩子抱在手上而已。他很清楚知道那位母親的心靈狀態對孩子產生的影響，所以他不讓她抱著孩子，直到兩個人都得到安心的睡眠。可憐的孩子，可憐的母親，要是那位母親具有天生或後天培養的冷靜，這能讓他們兩人的生命變得多麼不同啊！

要是她能保持心靈的平靜——也就是腦子裡一次處理一個想法，謹慎地、而且不要在人群裡（大家互相擠來擠去，又被後面的人往前推）——孩子會更強壯、勇敢和健康，臉上也會洋溢著幸福滿足的笑容，而不是情緒緊張的不停地哭鬧。

現在簡短地總結一下：

利用自我暗示訓練自己成為冷靜、果斷、勇敢、有影響力的人，然後心靈的吸引力會為你帶來成功。你不需要去尋找，它自會找上門來。把我們教給你的方法用在任何想要的特質上，無論是口才、智慧、健康……你會有所收穫的。

你必須明白，除非伴隨積極、進步的想法和行動，否則信念只是死板板的文字。

無法專注的人是懦夫。

結語

前面篇章都是以簡明的文字說明哪些是在努力取得成功之前必須擁有或取得的特質。

以「抱負」為優先，因為它包含了對未來改進的期望，沒有這樣的期望，就不能所有進步。在這種情況下，一個人永遠不會滿足，但這不是不知足的意思。這種「更多」的感覺，並不是知足的障礙，而是把情況擴大，製造出一種我們在眼下還可以的感覺，然後當未來變成現在的時候，我們將變得更堅強和明智，於是有更多的能力來供養和支援自己。

有一種抱負是改善你自己和世界的希望、欲望和期望；另一種是在榮譽和權力的競賽上超越別人。

前一種抱負能增加你的精力，強化你的觀念，使你習慣期待更好的東西，讓你的心靈獲得平靜。

第二種抱負使你嫉妒別人的成功，對世界產生敵意，與人對立，讓你把精力花在無用的抵抗敵意上，而這會削弱你的實力，阻礙你的成功。

抱負可以靠自我暗示來壯大。平靜的態度，輔以抱負和暗示的培養，能使心靈準備好誘發新的想法，新的點子。在培養的期間，你會一眼就看出隱藏在某處的賺錢機會。

匆促、沒耐心、憤怒的想法都成為過去式。堅強、有影響力、平靜、專注的想法，將逐一地呈現出來，你可以從其中選出一個最適合自己心靈性質的特質。如果你心中的真理已被全面開發，完全適合的那個就會被選上。假如沒被完全開發，只是展露基礎，那麼經過你鑑定的部分（選取的特質）仍可以被接受，但你的成功會有所限制，端看想法能實現到什麼程度。

選擇你的職業，但不要懷著擁有偉大領導人光環的想法，不要想著明天的事，把你的精力投入在把事業往前推的努力中。在發展事業的期間，新點子會源源不絕的到來，當這些想法實現時，生活中便會有源源不絕的歡樂，每一天都有新的樂事，該做的事和果斷的特質可幫助你保持在工作的正軌上，不會三心二意，把生命浪費在徒勞功的事情上。

對每個人懷抱善意，是減輕心靈負荷的絕佳妙方。嫉妒和怨恨的想法讓你把沉重的負擔攬在自己身上，然後浪費精力去抵抗這個負擔，但其實精力應該用在推展你的想法上。

然後**要培養冷靜、勇氣、奮發進取、信心、果斷、專注、公平正義、真理等你所缺乏的特質。**這在你身上產生的效果就像冶鐵一樣，你會變得十分出色，人們會直覺你的成功是必然的，因為你在他們眼中前途無量。你腦子裡自動冒出賺錢的點子，你自然而然想做的事情都正好是對的事情，而你推展這些點子，成功只是自然的結果。每一分努力都帶來成果，每一個想法都是一分努力。

偏往成功方向的果斷想法，會為你帶來成功，它變成一種自然的演進。隨著你人格的成長，你的事業也將開始成長。保持心靈的習慣是你的自然狀態，維持得毫不費力。

因此，你只需要仔細觀察自己，練習自我暗示，運用能量振動定律和想像的力量，你的未來必定充滿希望。

我要告訴你的到這裡就結束了。這些點子曾幫助我減輕負擔，願它們也能同樣地幫助你，這其中是含有許多真理的，我們所看到的那一部分只是從其結果來判定，它必須透過我們在自己身上培養了多少真理來衡量。

這些是我所知道且證實過的：**自我暗示、想像的力量、請求的定律，都能增強你的人格和增加你的財富，為你帶來滿足和幸福。**我能給你的最佳祝福是，這些對我有用且已經整理好的點子，希望它們對你也同樣有用，而且在閱讀期間帶給你的快樂，就跟我寫這本書時帶給我的快樂一樣多。

New life
27

New life
27

New life
27

New life

27